月3000円
からはじめる
新NISA
超入門

横山光昭
ファイナンシャルプランナー
家計再生コンサルタント

アスコム

新NISAで
やることはたったひとつ。

まずは 月3000円から
イーマクシス　スリム
eMAXIS Slim 全世界株式
（オール・カントリー）

という投資信託を買うだけ。

これだけで本当に十分！
他のことを考える必要は
ありません!

新NISAについて、解説していくにあたって、まず最初にかんたんなクイズをしてみましょう。

Q 現金100万円と投資信託100万円、どちらの価値が高いでしょうか？

答えは、投資信託の100万円です。
なぜでしょうか？

　現金100万円はいずれ「減っていく運命」にあります。仮に持っているだけで使わなくても物価の上昇にあわせ、実質的な価値が目減りしていくからです。

　一方、**投資信託100万円は「増えていく可能性」**を持っています。
　なぜなら、投資信託100万円とは、現金とはまったく別物で、例えば、株式主体の投資信託の場合、**「100万円分の株式の集合体」**を持っているという意味だからです。

しかも世界中から優良な企業の株式だけを厳選した、特別な詰め合わせセットを100万円分持っていると考えてください。

　あなたが持っているのは現金ではなく株式の詰め合わせセットですから、当然価値は市場の動向によって変動し、上がることも下がることもあります。
　ただし、長期的には、インフレを上回る利益を得られる可能性があります。

　つまり、貯金は物価上昇とともに減り続けますが、投資信託は増えていく仕組みのため、持っているだけで110万円、120万円と価値を増やしていく可能性があります。
　世界の優良企業があなたのために働き、「株式の価値を高める＝あなたのお金を増やしてくれる」からです。

　投資にはリスクもありますが、長期的に見れば世界経済は成長を続けてきました。ですから今では、投資信託こそが安全で持つべき資産だというのが世界の常識なのです。

実例を見てみましょう。

本書で紹介するHさん（102ページ）は、毎月約3万円の投資で、**わずか4年7ヶ月で約300万円**の資産を築きました。

貯金だけで300万円貯めようとすると、7年6ヶ月もかかります。貯まるスピードもまるで違うのです。

このようにただでさえ、おトクな投資信託の中でも、特にオススメなのが、**eMAXIS Slim 全世界株式（オール・カントリー）**です。

オススメの理由は単純明快！

- 手数料が激安！
  他社類似商品の約3分の1！
- これひとつで、
  世界中の優良企業に投資！
- 「長期、分散、積立」という投資の
  黄金ルールに則っている

- 2019年から23年まで、5年連続！
「投信ブロガーが選ぶ Fund of the Year」第1位！

これから新NISAで投資を始めるなら！
難しいことは考えずに eMAXIS Slim 全世界株式（オール・カントリー）で投資を始めるのが一番!

それだけで、十分大きな資産を築くことができます。

まずは、月3000円から。

無理のない額で投資を始めてみましょう。
大きく世界が変わるはずです。

まえがき

こんにちは。家計再生コンサルタントの横山光昭です。

2024年から始まった新NISAは、お金のプロから見ても100点満点！

おトクで使いやすく、投資初心者が投資を始めるのにぴったりの制度です。

新NISAで毎月コツコツ投資をしていけば、学費や住宅ローン、老後資金など「お金が足りない」という不安はかなり和らげることができます。

投資をすると言っても、基本はほったらかしでOK。特別な勉強をする必要もなく、時間もかかりません。

しかも、やることはたったひとつ！

eMAXIS Slim 全世界株式（オール・カントリー）という投資信託を買うだけ。

ただ、毎月eMAXIS Slim 全世界株式（オール・カントリー）という投資信託を買うだけで将来、十分なお金が手に入りますし、旅行や趣味、人生を楽しむ余裕が得られます。しかし、新NISAで投資を始めていない、まだ様子を見ているという人々からは次のような声が聞こえてきます。

「新NISAならお金が増やせると言われても信じられない」
「いい話ばかりで、リスクについて説明がないのが気になる」
「もし投資を始めたら、1日中お金のことが気になって疲れそう」
「勉強する時間もないし、本当にやった方がいいのかわからない」

確かにこうした不安は、誰もが感じるものです。「新NISA」や「投資信託」という言葉は、多くの人にとってなじみがなく、敷居が高く感じられます。特に「投資信託」は、その仕組みの複雑さゆえに、投資への第一歩を踏み出せない大きな要因になっているようです。

　また、突然、新しい制度が始まり、周りが投資に興味を持ち始め、自分だけが取り残されているような不安を感じている方も多いでしょう。今まで投資について考えたこともなかったのに、急に決断を迫られているような気持ちになるかもしれません。

しかし、新NISAは、まさにこうした不安、ギモン、モヤモヤを抱える方のために生まれた制度です。

　新NISAは、「普通の人が安心して投資できるように」という考えのもと、徹底的に考え抜かれていると私は思います。少しでもリスクの高い投資信託は排除してあったり、利益からは一切税金を取らなかったり、とにかくリスクを最小限に抑えながら、おトクに資産を増やせるよう工夫されているのです。

　しかも、驚くべきことに、投資を始めた人の多くは、月に1回も投資状況をチェックしません。毎日相場を見る必要など全くないのです。

　ですから、あなたがやるべきなのは、投資用のお金を貯めることでも、投資について勉強を始めることでもありません。

　そう、投資を始めると決断するだけです。

　そして、金融庁のお墨付きの投資信託の中でも特に素晴らしい実績を持つeMAXIS Slim 全世界株式（オール・カントリー）を買うだけです。

　　これだけで、あなたの将来に大きな違いをもたらすことができます。

　新NISAで投資を始めることは、未来の自分への最高の贈り物なのです。

eMAXIS Slim 全世界株式（オール・カントリー）というゴールに向かって

　投資の世界は専門用語が多く、説明が複雑になりがちです。

　細かい定義や厳密な意味を追求するほど、かえって理解が難しくなることがあります。そこで本書では、あえて細かな違いや厳密な定義にこだわらず、本質をわかりやすく伝えることを最優先しています。もちろん、誤解を招くような説明は避けていますが、専門家から見れば「厳密には少し違う」と感じる部分があるかもしれません。それでも、投資の本質を理解し、行動を起こすためには、このアプローチが最も効果的だと考えています。

　先に述べたとおり、本書の目的は明確です。みなさんにeMAXIS Slim 全世界株式（オール・カントリー）に投資していただくこと。

　これが本書の最終目標です。

　本書では、皆さんが自信を持って投資を始められるよう、まず新NISAと投資信託の基本を、極めてシンプルに説明することから始めていきます。

　なぜなら、新NISAも投資信託も、その本質は驚くほど単純だからです。特に投資信託の仕組みさえ理解できれば、抱えていたギモンやモヤモヤが一気に解消されるでしょう。例えば、「誰かが損をしているはず」という考えは単なる思い込みに過ぎません。実際には、**「投資を始めた人全員が、誰も損をせずにお金を増やせる未来」** が目の前に広がっています。

　なお、投資の世界には、ひとつ鉄則があります。

　それは **「早く始めた人からトクをする」** です。

　さあ、一緒に新NISAの扉をあけ、投資を始めましょう。

　楽しい未来があなたを待っています。

　　　　　　　　　　　　　　　　　　　　　　　　　　　　　横山光昭

この方法なら1億円も夢じゃニャい!

本書を読み終えたら、ぜひこのページに戻ってきてください。
新NISAで夢を現実に! 驚きの「1億円」達成プラン

「1億円」と聞くと、多くの方が「そんなの無理だ」「夢物語だ」と感じるかもしれません。

しかし、新NISAを賢く活用すれば、1億円は決して手の届かない目標ではありません。特に「夫婦で1億円」なら、その可能性は大きく広がります。

投資信託の価値は「生涯使える金額」で決まる

投資信託の価値は、「何歳までにいくら増やせるか」という短期的な視点ではなく、「生涯にわたってどれだけ使えるか」という長期的な視点で考えるとよくわかります。同じように見える「2000万円の現金」と「2000万円の投資信託」。その後の人生で使える金額は全く異なるからです。

もちろん、目標金額は1億円でなくても構いません。

本書を読み終えた後、ぜひ以下のQRコードから『驚きの「1億円」達成プラン』をご確認ください。
投資信託の真の価値を理解していただけると確信しています。

『驚きの「1億円」達成プラン』QRコード

CONTENTS

まえがき
7

PART 1

新NISAを始めるべきか、
みんな悩んでいる

01	新NISA、始めるべき？　みんなの悩みと本音を調査	16
02	新NISAやる派、やらない派。5年後のお金事情	18
03	今、新NISAを始めれば、こんな未来が待っている	20

PART 2

知らなきゃ損！
新NISAと投資信託の超おトクな話

04	新NISA限定！　超おトクな6つの特典	24
05	新NISAは毎月コツコツ投資信託を買うための制度	26
06	投資信託1つ買うだけで世界の優良企業をまとめ買い	34
●	新NISAのまとめ	40
●	投資信託のまとめ	41

PART 3

eMAXIS Slim 全世界株式（オール・カントリー）を実際に買ってみよう

07	eMAXIS Slim 全世界株式（オール・カントリー）、その魅力を徹底解説!	44
●	eMAXIS Slim 全世界株式（オール・カントリー）のまとめ	49
08	口座開設は5分で完了! 楽天かSBIのどちらかで選ぶ	50
09	eMAXIS Slim 全世界株式（オール・カントリー）を買ってみよう	53
10	はじめての投資は月3000円からがオススメ	56
COLUMN	投資の最大の目的は、「お金の不安のない」状態を自分自身でつくること	59
COLUMN	仕事の収入、年金、投資信託の三本柱でお金の不安を解消しよう	60

PART 4

ギモン、モヤモヤを解決! 初心者が損をしないために知っておきたい7つのこと

11	新NISAどんなリスクがある? 失敗する例を見てみよう	62
12	「新NISA大暴落!」「元本割れ」のニュースには要注意	66
13	いつ始めるのがベスト? 一番損をしにくいのは?	70
14	利息が利息を生む。複利的効果こそが投資のカギ	72
15	投資の黄金ルール、長期、分散、積立を死守せよ	74
16	「貯金」対「新NISAで投資」未来の資産額を比べてみよう	78
17	家計の見直し、生活防衛資金について	80

PART 5

投資に慣れたら次のステップへ
成長投資枠や海外ETFの活用を

- **18** 投資に慣れてきたら、成長投資枠を使おう　　84
- **19** 少しリスクを取ってもいいなら「S&P500」を買おう　　87
- **20** 一歩先に進みたい人へ。「海外ETF」を始めよう　　90

PART 6

一問一答付き！
新NISAで投資をしている人の実例を紹介します

- 54歳 男性　Sさんの実績　　96
- 42歳 男性　Oさんの実績　　98
- 58歳 女性　Mさんの実績　　100
- 36歳 女性　Hさんの実績　　102
- 実例まとめ　　103

一問一答

Q 結局、投資信託で投資を続けたら、
どんなメリットがあるのでしょうか? ······ 104

Q 新NISAでの投資について
「絶対やった方がいい」「やらない方がいい」
どちらのニュースも見ます。何が正しいんでしょうか? ······ 105

Q 物価が上がり続けています。
投資信託は生活の助けになるでしょうか? ······ 105

Q 毎日お金のことを気にするのはしんどいです。
それでも新NISAって始めた方がいいですか? ······ 106

Q 60歳や70歳でも、
今から新NISAを始めた方がいいでしょうか? ······ 107

Q ネットが苦手なんですが、
新NISAを始めるにはどうしたらいいですか? ······ 107

Q 日本、海外、どこに投資するのがいいですか? ······ 108

Q 教育資金として新NISAを使えますか? ······ 108

Q 短期間で儲けられる方法はないのですか? ······ 109

Q どんなときに売るのがいいでしょうか? ······ 109

Q 投資の辞め時はいつでしょうか? ······ 110

Q 将来、政府が新NISAから税金を取るって言い始めたら? ······ 110

本文中、eMAXIS Slim 全世界株式（オール・カントリー）を eMAXIS Slim 全世界株式（オール・カントリー）と
表記することがありますが、これは文字数の都合上、ルビの形で表記せざるを得ないためです。
正式な表記は eMAXIS Slim 全世界株式（オール・カントリー）です。ご了承のほどお願いい
たします。

PART 1

新NISAを始めるべきか、みんな悩んでいる

きっと、いまいち新NISAに乗り気になれないのは投資信託が、どれだけおトクかを知らないからニャ！

01

新NISA、始めるべき？
みんなの悩みと本音を調査

新NISAって本当におトクなの？
損する可能性は本当にないの？

いくら投資をすればいいのかもわからない。
新NISAを勧められると逆に迷うニャ

新NISAに対する不安や疑問を抱えている人は少なくない。そこで、新NISAに関する率直な意見を「新NISA未経験の300人」に聞いてみた。みんなが新NISAについてどう考えているのか、本音を探ってみよう

✓ 投資を始められない理由、ランキング

1位	投資をするための資金が不足している
2位	新NISAをどう始めればいいか、わからない
3位	元本割れをするのではと不安
4位	何に投資をすればいいのか、よくわからない
5位	新NISAについて勉強する時間がない

新NISAならお金が増やせると言われても信じられないという声も多かった。

☑ 新NISA「魅力を感じる点」ランキング

1位	少額から始められる
2位	税制面でメリットがあること（非課税）
3位	不労所得が増える
4位	老後資金の不安が消える
5位	長期間取り組むことで、安全に資産を増やせる

5年後、10年後、本当にお金が増えているならやりたい という声も多かった。

　アンケートからは「本当にデメリットはないのか」「失敗するリスクはどのくらいあるのか」という心配の声が多く見られました。新NISAや投資がブームになった一方で、リスクがきちんと説明されていないと感じる人が多いのでしょう。日本経済への不安や、日本という国に対する漠然とした不信感が投資を避ける心境を生み出している可能性もあります。また、300人中184人が「少額から始められる」ことをメリットと答えた点を見ると、多くの人は投資に対して慎重な姿勢を持っており、リスクを最小限に抑えることを重要視していることがわかります。

「本当に損をしないのか」
「本当にお金が増えるのか」これが大きな問題。
ただ、新NISAは、その両方とも叶えられる制度だ。
今から、新NISAがどういうものかを学んでいこう

02

新NISAやる派、やらない派。
5年後のお金事情

5年間、銀行に100万円預けても＋1万円前後だけ
投資を始めてる人は、たった5年で＋130万円！

「もっと早く投資を始めればよかった」という人も多い。
今から5年後のお金事情は、どうなるかニャ

新NISAで資産運用する人と、投資には興味がないという人。5年後、2つのタイプの人たちの間には、どのような差が生まれるだろう。新NISAを始めるメリットと、始めない場合のデメリットを比較してみよう

☑ 新NISAを始めた場合はどうなる？

- 長期で、お金が増えていくのを実感
- 学費など、子どもに使えるお金が増える
- 病気、退職、万が一の事態にも備えられる
- グリーン車で旅行など、プチ贅沢を楽しめる
- 安定した収入の柱ができ、安心感が違う
- 人生の選択肢が増える

これがほったらかしで手に入る！

始めなかった人はどうなる？

- 頼れるのは、自分の労働力だけ
- 働く以外にお金を増やす方法がない
- もしものときのための資金が作りにくい
- 老後は年金だけで、心もとない
- 旅行などの楽しみにお金を使いにくい
- いつもお金の不安を抱えている

新NISAをやっておけばよかったと将来、後悔するかも

　新NISAの前身、2018年から始まった「つみたてNISA」は、年40万円まで投資ができた。実は、新NISAでも「つみたてNISA」でも、やることはまったく同じ。ゆえに「つみたてNISA」で投資を始めた人の実績は、とても参考になる。98ページのOさんのように、約5年で130万円ほどプラスになった人が多い。Oさんの2024年10月時点での総資産は、約350万円（投資額約220万円、利益約130万円）。投資初心者がゼロから投資を始めて得た利益としては、立派な数字ではないだろうか。

5年前から始めた人は、ほっとくだけで＋130万円！！
始めなかった人は5年で130万円、儲け損ねたことに。
この差は、130万円どころか、どんどん広がっていく。
これが新NISAをやるか、やらないかの違い

今、新NISAを始めれば、こんな未来が待っている

> 新NISAは長期戦が得意！ 5年、10年、20年～時間をかければかけるだけ、おトク！

> あなたが寝ている間も、休んでいる間もお金が働いてくれてるニャ

あなたが寝ている間も新NISAに投資したお金は働き続け、着実に増えていく。新NISAを始めるというのは、経済的に自由で安心できる人生を手に入れるチャンスを、自らつかみにいくということだ

✅ 時間がたてばたつほど、どんどん増える！

専門用語では「長期・分散・積立」というが、低コストを意識して投資信託に投資する。こんなシンプルな方法が、実は一番お金を増やす近道。

今から eMAXIS Slim 全世界株式（オール・カントリー）を買うと？

eMAXIS Slim 全世界株式（オールカントリー）を買うと、どのくらいお金を増やせるのかをシミュレーション。投資信託の仕組みについては34ページで解説しますので、ひとまずイメージだけつかんでいただければと思います。年利は6％で計算。長い時間をかければかけるほど、お金は増えていきます。

毎月3万円 eMAXIS Slim 全世界株式（オール・カントリー）に投資をしたケースをシミュレーション（年利6％）

\ 10年後 /	\ 20年後 /
＋131万円	**＋666万円**
総資産 491万円	総資産 1386万円
\ 30年後 /	\ 40年後 /
＋1993万円	**＋4534万円**
総資産 3013万円	総資産 5974万円

- ほったらかしでお金が増える
- 「働く」以外でお金が増やせる
- 「お金の不安」がかなり解決

これが投資を始めることで手に入る！

まとめ

難しいことを考えず
eMAXIS Slim 全世界株式（オール・カントリー）1本を買うだけで
かなりお金の不安は減らせる

PART 2

知らなきゃ損!
新NISAと投資信託の超おトクな話

新NISAで投資信託を買うだけで
初心者でも安全・安心にお金が増やせる!

新NISA限定!
超おトクな6つの特典

投資初心者でも安全にお金を増やせるように
ものすごく親切に制度設計されている

衝撃だけど、実は新NISAなら元本割れの
可能性がほぼゼロになる方法があるニャ

手数料稼ぎばかりの金融業界を森元金融庁長官が強く批判し改革。本当に「顧客本位」となる投資ができるようNISA制度をつくった。だから、投資初心者でも安全・安心にお金が増やせるようになっている

☑ 新NISAのポイント

1
新NISAなら「損をするリスク」、
「元本割れ」を、ほぼゼロにできる！

2
銀行に預けておくより、断然おトク！

3
カンタン！　とにかく、
ほったらかしでお金を増やせる

4
お小遣いで投資デビュー！
毎月たった100円から始められる

5
1円単位から、いつでも現金に！
いつ現金が必要になっても心配不要！

6
投資で儲かったお金は、税金ゼロ！
生涯、ずーっと税金ゼロ！

まとめ

もし、投資の利益が1000万円あれば、
通常は、約200万円も税金を払う必要がある！
しかし、**新NISAならゼロ円！**
利益がまるまる手に！　おトクすぎる！

新NISAは毎月コツコツ投資信託を買うための制度

1人総額1800万円、年360万円も投資できる
でも、毎月コツコツ、少額投資が正解

「つみたて投資枠」「成長投資枠」
「投資枠の再利用」この3つがわかればOKニャ

細かなルールを覚えるというより、何のためにその制度があるかに注目すると、全体をとらえやすく、またどんな投資が正解かもわかる。ライフイベントに合わせてお金を用意しやすくなったので、本当に便利だ

☑ NISAの正式名称は「少額投資非課税制度」

　NISAの正式名称は「少額投資非課税制度」です。これは、すでにイギリスで始まっていた個人向けの少額投資の優遇制度（ISA）の日本版です。NipponのISAでNISAと言うわけです。NISAと言われても制度の意図がピンと来ないかもしれませんが、「少額投資非課税制度」と言われれば、少し制度の意図が読み取りやすくなるでしょう。名前のとおり、少額からの投資を勧める制度で、大金が必要な投資とは、だいぶイメージが違います。

**新NISAは、少額からコツコツ、
毎月、投資信託を買う人を優遇する制度**

　だと思っていただければよいでしょう。新NISA制度そのものが、投資信託で少額から投資をすることを念頭に設計されているのです。

つみたて投資枠、成長投資枠のイメージをつかもう

【新NISA制度概要】

生涯投資枠 1人 **1800**万円 うち成長投資枠は 1200 万円まで	
つみたて投資枠 年間**120**万円	成長投資枠 年間**240**万円
年**360**万円 まで投資ができる	生涯投資枠は **再利用可能**

新NISAで投資ができるのは、1人1800万円までです。また、つみたて投資枠と成長投資枠の2つがあり、それぞれ投資対象が異なります。

 投資初心者はこれ！
つみたて投資枠

⬇

【買えるもの】
金融庁の条件を満たした良質な投資信託など 安心 安全

 上級者向け！
成長投資枠

⬇

【買えるもの】
投資信託、上場株式、ETFなど

少額投資非課税制度の名のとおり、ベースとなるのはコツコツ積み立てていく「つみたて投資枠」。成長投資枠を使わず、つみたて投資枠だけで1800万円を目指して積み立てるのが、最もシンプルでリスクの低い方法です。

投資初心者はこれ！

✓ つみたて投資枠での買い方

ポイント1
【年間投資枠】
120万円
月10万円まで

ポイント2
【投資できるもの】
金融庁が認めた投資信託

ポイント3
【買い方】
積立投資だけ
とにかく一度設定すればあとはほったらかし

　つみたて投資枠での設定は非常に簡単。数回クリックするだけで終わります。決めることは1つ。毎月の積立額だけです。極端な話ですが、一度設定してしまえば、生涯自動で投資信託を購入できます。

1 eMAXIS Slim 全世界株式（オール・カントリー）を選び、「積立設定」ボタンを押す

2 口座区分の中から「NISAつみたて投資枠」を選択

3 毎月の積立金額を入力

4 分配金コースは必ず再投資型

理由は、73ページで

つみたて投資枠は、投資初心者にぴったり！
じっくり、安心、安全にお金を増やせる。
新NISAは、これをやるだけでいい！

✅ 上級者向け！ 成長投資枠での買い方

ポイント1
【年間投資枠】
240万円

ポイント2
【投資できるもの】
上場株式、投資信託、ETFなど
信託期間20年未満、高レバレッジ型、毎月分配型の投信、整理・管理銘柄の国内株式除く

ポイント3
【買い方】
一括投資、積立投資、両方選べる

成長投資枠での買い方は、少し複雑です。積立投資もできますし、自分で金額を決める一括投資もできます。株なども買えますが、株の売買に手を出すのはNG。成長投資枠での投資を考えるのは、投資に慣れてからで十分です。

1 「購入」ボタンを押す

2 投資信託の目論見書を確認し、同意を押す

3 買付金額を入力
（一括購入には、あらかじめ証券口座に入金が必要）

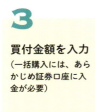

4 NISA成長投資枠を選択し、分配金コースへ
（再投資型を選択）

初心者は無理に使う必要なし！
月10万円以上投資をするか、
一括で投資信託を買いたくなったら使うくらいに考えて

PART 2 知らなきゃ損！ 新NISAと投資信託の超おトクな話

新NISAは、こう使うのが正解！

「つみたて投資枠」と「成長投資枠」があるけど
最初は「つみたて投資枠」だけでOK

もし、月10万円以上、投資するときが来たら
そのときは成長投資枠の出番ニャ！

「つみたて投資枠」と「成長投資枠」の2つの枠があるため、少しややこしく感じるかもしれません。基本的には「つみたて投資枠」だけを使い、無理のない額でコツコツ1800万円まで投資を目指していくのが正解。追加で購入したければ「成長投資枠」の出番と覚えておいてください。

月10万円 × 15年 ＝ 1800万円

月3万円 × 50年＝ 1800万円

 ## 新NISAの正しい使い方！

自分が決めた月額で
限度の **1800万円まで**
コツコツ投資するだけ！

ただし、1800万円全部投資する必要はありません。 コツコツと毎月投資を続けるだけで十分です。毎月決まった金額を長期で投資信託に投資し続けるという方法は、「長期・分散・積立」という投資の黄金ルールに則っており、最もおトクでリスクの少ない買い方となっています。

新NISAの良いところは、特に意識しなくても投資の黄金ルールに則った投資ができるように制度がうまくつくられているところです。特別な勉強も不要で、やり方も簡単です。さらに、高い自由度も特徴のひとつです。積立額は随時変更可能で、年間の変更回数に制限もありません。結婚、出産、転職などのライフイベントに合わせて、投資計画を柔軟に調整できます。

 ## 成長投資枠の使い方

成長投資枠では2つの買い方ができます。ひとつめは「つみたて投資枠」と同様に、毎月一定額を自動的に投資する方法です。もうひとつは一括投資。好きなタイミングで、好きな金額を投資する方法です。

もし、月12万円投資信託を積立で買うなら、

つみたて投資枠	成長投資枠
10万円	2万円

と積立設定

大きく相場が下がり「今日は買い時では」と買い増ししたくなったときは、成長投資枠で一括投資をしましょう。つみたて投資枠では積立設定しかできないので、一括投資なら成長投資枠の出番です。ただ、相場を見るのも大変なので、基本的には、ほったらかしで「成長投資枠を使わない」という考え方で十分です。なお成長投資枠の上限は、1200万円です。成長投資枠だけでは、1800万円投資できないようになっています。この仕組みにも「基本は、積立で投資をしてね」という意図が感じられます。

☑ 投資枠の再利用について知っておこう

「投資枠の再利用は便利」と言われても、ピンと来ないかもしれませんが、旧NISAにはなかった新NISAの利点です。ぜひ覚えておきましょう。

持っている投資信託などを売れば、生涯投資枠が再利用できる

一度買った投資信託などを売却。空いた生涯投資枠が翌年に復活する!

✓ 投資枠が再利用できるメリットは大きい

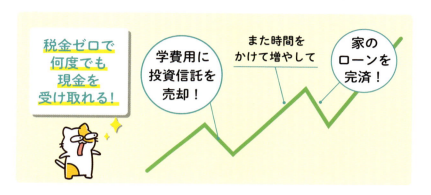

　左ページのとおり、一度売却して空いた投資枠は翌年に復活します。もし、投資枠が復活しなければ、現金化するのは勇気がいりますが、生涯1800万円の枠がキープされるので、現金化の心理的ハードルはぐっと下がります。**「投資で増やしたお金をいつ使うか」**を考えてみましょう。子どもの学費や住宅の購入など、ライフイベントに合わせて税金ゼロでお金を引き出し、その後また投資を再開できる。この柔軟さが新NISAの真骨頂なのです。

✓ 1円単位から、いつでも簡単に売却できる

　新NISAの大きな特徴を理解したところで、実際の売り方についても見ていきましょう。投資信託を現金にする（売却する）のは簡単です。売却する口数、金額を入力するだけ。簡単にいつでも現金化ができるから安心です。

06 投資信託1つ買うだけで世界の優良企業をまとめ買い

「多くの人のお金をまとめて運用」するのが投資信託
1本買うだけで数千もの優良企業に投資できる

運用はプロ、専門家がやってくれるのでお任せ。
毎月、コツコツ積み立てるだけでいいからラクチン

投資信託は、「多くの人から集めたお金をまとめ、プロが運用する」もの。個人では手の届かない世界の優良企業に、少額から投資できる。運用はプロにお任せで、難しい判断は不要。定期的に積み立てるだけでOK

☑ 投資信託って、なに？

世界中の様々な企業に投資ができ、リスクを抑えながら資産を増やす可能性を広げられます。個人で行うより効率的で少額から始められるのが特徴。

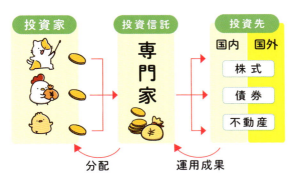

投資で得た運用益は、投資家に分配される仕組み

✓ ここがスゴイ！ 投資信託のメリット

1 **100円、1000円などの少額から購入できる**

毎月100円〜積立で買うのにぴったり。コツコツ買おう

2 **専門家・プロが運用！**

毎月、投資信託を買うだけ。あとは、ほったらかし

3 **価額が明確！**

毎日、基準価額が公表。株のように1日の中で値動きしない

4 **ひとつ買うだけで世界中に投資できる**

AppleやAmazonなど個人では手が出ないような世界的企業にも投資できる

✓ 投資信託をひとつ買うと、何社に投資ができる？

　投資の先進国ともいえるアメリカでは、投資信託は、安全・着実にお金を増やすことができる商品として、すでに確固たる地位を築いています。

　では、ここでひとつクイズをやってみましょう。

Q

「eMAXIS Slim 全世界株式（オール・カントリー）」
この投資信託を1つ買うと、何社くらいに
投資ができるだろうか？

（ヒント）構成銘柄は、米国、欧州、日本などの先進国株式と、中国やインドなどの新興国株式を含む。

1. 約70社　2. 約500社　3. 約2600社

答えは？→次ページ

PART 2　知らなきゃ損！　新NISAと投資信託の超おトクな話

> eMAXIS Slim 全世界株式
> （オール・カントリー）を
> 1つ買うだけで
> 投資できる会社の数
>
> 答え：3. 約2600社
>
> 正確には2687社（2024年8月時点）

　ひとつの投資信託を購入するだけで、全世界の優良企業約2600社に投資ができます。思っていたよりも、ずっと多いのではないでしょうか。なお、投資信託は、運用方針によって投資先が変わります。全世界に投資をするもの、アメリカだけに投資をするもの、新興国株に絞ったものなど、それぞれに特性があります。投資信託をひとつ買うだけで、これだけの投資先に分散投資できるので、「どこかの会社の業績が悪化」したとしても、他の会社の好調な業績が全体のパフォーマンスを支えてくれるため、リスクを下げ、安定的な運用を目指せるようになります。ひとつの投資信託を買うだけで、全世界の優良企業に投資できるため、効率的な分散投資が可能となります。

✓ 投資のプロはどう運用しているのか

　ここまで「投資信託は、投資の専門家が運用してくれるからほったらかしでOK」と説明してきましたが、実際に専門家がどのように運用しているのか、eMAXIS Slim 全世界株式（オール・カントリー）を例に見てみましょう。

eMAXIS Slim 全世界株式（オール・カントリー）の組入上位銘柄 (2024年9月末時点)

順位	銘柄	国・地域	業種／セクター	組入比率
1	Apple Inc	アメリカ	情報技術	4.3%
2	NVIDIA CORP	アメリカ	情報技術	3.7%
3	MICROSOFT CORP	アメリカ	情報技術	3.7%
4	Amazon.com Inc.	アメリカ	一般消費財・サービス	2.0%
5	ALPHABET INC-CL A	アメリカ	コミュニケーション・サービス	1.6%
6	META PLATFORMS INC-CLASS A	アメリカ	コミュニケーション・サービス	1.4%
7	ELI LILLY & CO	アメリカ	ヘルスケア	1.0%
8	TAIWAN SEMICONDUCTOR MANUFAC	台湾	情報技術	0.9%
9	BROADCOM INC	アメリカ	情報技術	0.9%
10	JPMORGAN CHASE & CO	アメリカ	金融	0.8%

　eMAXIS Slim 全世界株式（オール・カントリー）は約2600社に投資をしていると先ほどお伝えしました。上の表は、そのうちの上位10銘柄です。このような組入上位銘柄は、投資信託の月次レポートで確認することができます。

☑ もし、あなたが1000円投資をしたら？

- Appleに **43円**
- NVIDIAに **37円**
- Microsoftに **37円**
- Amazonに **20円**

　というイメージで投資をしていることに。ただ、この比率は企業の業績によって変動しますし、上位の銘柄も変わっていきます。銘柄の入れ替えや比率の設定によって運用成績が変わります。

　最適なバランスを求めて「銘柄と比率を決定する」こと。

　まさに、これがプロによる運用の正体です。全世界の優良企業を見極め、効率的に投資をするには、専門家の知識と経験が大きな助けとなります。

☑ **新NISAで購入できる投資信託、手数料は激安!!**

新NISAのつみたて投資枠で選べる
投資信託には厳しい条件が…

その条件とは？
とにかく手数料が安いことだニャ！

　金融庁は、新NISA（つみたて投資枠）で購入できる投資信託に厳密な条件を設けています。その条件とは
とにかく手数料が安いこと!

1
購入時手数料は０円　無料！

2
とにかく信託報酬が安い！

　なぜこのような条件が設けられたのでしょうか？　実は、これには金融業界の反省すべき過去が関係しています。以前の金融業界は、
・**顧客の資産形成よりも自社の利益を優先**
・**高額な手数料で儲けるための投資信託ばかりを販売**
　このような状況に対し、金融庁は強い改革を求め、その結果生まれたのが、NISA制度です。NISA制度は、真に顧客のための投資信託を提供することを目的としています。そのため、購入時手数料ゼロ、低い信託報酬が絶対条件となっているのです。これにより、**投資をする人々が、以前よりもずっと有利な条件で資産形成に取り組めるようになった**のです。

投資信託にかかる手数料はこの3つ

買うときにかかる	持っている間にかかる	売るときにかかる
購入時手数料	 信託報酬	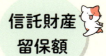 信託財産留保額
販売会社に支払う手数料 **0円！**	保有額に応じて日々支払う費用 **約0.05%〜0.3%程度と激安！**	投資信託を換金するときに負担するもの **不要な投資信託が主流**

実際の金額を計算してみよう。1万円運用したときの信託報酬が年約6円！にはびっくりだニャ

eMAXIS Slim 全世界株式
（オール・カントリー）（運用会社：三菱UFJアセット）

購入時手数料	なし
管理費用（信託報酬含む）	0.05775%
信託財産留保額	なし

信託報酬はここをチェック！

 年間の管理費用（信託報酬含む）概算 税抜き

eMAXIS Slim全世界株式（オール・カントリー）
信託報酬は0.05775%なので

1万円保有 → 信託報酬 **年約6円！** なんと！ （1万×0.0005775）

100万円保有 → 信託報酬 **年約580円！**

新NISAのまとめ

1

新NISAは毎月少額からコツコツ投資信託を買うための制度

2

生涯投資枠は1800万円もある！

3

使うのはつみたて投資枠だけでOK！
とにかく、ほったらかしでお金が増やそう

4

投資枠が再利用できて、本当に便利！
ライフスタイルに応じて、
「使う」と「増やす」ができるようになった

投資信託のまとめ

1
月100円〜1000円から買うことができる

　今まで「新NISAなら100円から投資できる」ってどういう意味?というモヤモヤを抱えていた方も多いでしょう。この表現が正確ではないのは、もうおわかりでしょうが、「新NISAで選べる投資信託なら、100円からでも購入できる」という意味だったのです。100円から投資信託が買える時代が来るとは、少し前では想像もできませんでした。本当に普通の人が投資をしやすい時代になりました。

2
投資信託1つ買うだけで世界中、数千社に投資ができる

eMAXIS Slim 全世界株式（オール・カントリー）より投資先が多い投資信託もあります。銘柄数や組入上位銘柄を見比べてみて、特徴を比較してみても。

3
投資信託を買ったら、あとは専門家に任せるだけ!

4
投資信託は、世界中に分散して投資するもの。分散＝リスク減＋安定した運用と覚えておこう

PART 3

eMAXIS Slim
全世界株式(オール・カントリー)を実際に買ってみよう

「投信ブロガーが選ぶ！Fund of the Year」
5年連続第一位！
これさえ買っておけば安心！

07 eMAXIS Slim 全世界株式（オール・カントリー）、その魅力を徹底解説！

「投信ブロガーが選ぶ！Fund of the Year 2023」1位！
日本人が最も買っている投資信託と言ってよし！

日本、先進国、新興国などの全世界の株式に投資。
純資産総額は4兆円以上！ ダントツの実績ニャ！

39ページでも触れたが、eMAXIS Slim 全世界株式（オール・カントリー）は、驚くほど低いコストで、世界中の企業に投資できる。初心者からプロの投資家まで、誰もが納得の投資信託だ

☑ eMAXIS Slim 全世界株式（オール・カントリー）の特徴

eMAXIS Slim 全世界株式（オール・カントリー）が、どんな国や株に投資をしているか資産構成をチェックしましょう。

資産構成
- 新興国株式（10.0%）
- 国内株式（5.4%）
- 先進国株式（84.5%）

組入上位10ヵ国・地域
- 台湾（1.8%）
- ドイツ（1.9%）
- インド（2.0%）
- スイス（2.2%）
- フランス（2.5%）
- カナダ（2.7%）
- イギリス（3.4%）
- 日本（5.4%）
- オーストラリア（1.7%）
- アメリカ（62.3%）

44

☑ 業界最低水準の信託報酬！

　eMAXIS Slim 全世界株式（オール・カントリー）の信託報酬は新NISAが始まる直前、2023年9月に年0.1133％から年0.05775％に引き下げられました。この引き下げにより、同ファンドの信託報酬は業界最低水準に。圧倒的な低コスト化を実現しました。まさに言うことなしです。

購入時手数料	管理費用（信託報酬含む）	信託財産留保額
なし	0.05775％	なし

☑ 有名投資信託と信託報酬を比較

　信託報酬は、投資信託を保有している間ずっと支払い続ける必要がある手数料なので、できるだけ低く抑えられる方が有利です。ここで紹介する投資信託はどれも新NISAで購入可能な、販売手数料がゼロで信託報酬も低く、信頼性の高い商品ばかりです。また、eMAXIS Slim 全世界株式（オール・カントリー）が圧倒的に低コストなだけであって、他の商品の手数料が高すぎるわけではありません。仮に1000万円を運用した場合、年間約1万3千円ほどの差になります。これが大きな差か小さな差かは、まさに個人の判断。リターンの面でみればほぼ同じといえ、どれも素晴らしい投資信託だということはお伝えしておきます。

投資信託名	信託報酬
eMAXIS Slim 全世界株式（オール・カントリー）	0.05775％
楽天・全世界株式 インデックス・ファンド	0.192％
ＳＢＩ・Ｖ・全世界株式 インデックス・ファンド	0.1338％

☑ 圧倒的な強みを持つ全世界型ファンド

　eMAXIS Slim 全世界株式（オール・カントリー）の魅力は、その総合的な強さにあります。世界中の企業に分散投資することで、特定の国や地域に限定して投資をする投資信託より、リスクが低減されています。純資産総額が4兆円を超える大規模ファンドであることも、安定性を示す重要な指標です。この規模であれば、ファンドの「償還」リスクはほぼ考えられません。投資を始めたばかりの方にとっては、**この安心感は非常に重要**です。

　この1本を持つだけで、**Apple、Amazon**などの世界的な企業に投資ができることも大きな魅力です。さらに、プロの運用チームが常に投資先の入れ替えや比率の調整をチェックし、最適なパフォーマンスを出すよう専門的な視点で運営しています。

　低リスク、低コスト、高い安定性、そして世界中の優良企業への投資機会、これらの特徴が相まって、eMAXIS Slim 全世界株式（オール・カントリー）は長期投資に適した、まさに必須の選択肢となっているのです。

「償還」とは：投資信託の運用を終えて精算を行うこと。投資家には保有数に応じたお金が戻される。人気のない投資信託（純資産が減り続ける）は、いつか投資信託自体がなくなるリスクがあり、これを償還リスクという。つまり企業でいえば倒産のようなもの。

☑ 将来のリターンを現実的に考えよう

　eMAXIS Slim 全世界株式（オール・カントリー）は、MSCI社が開発した株価指数MSCIオール・カントリー・ワールド・インデックスとの連動を目指しています。eMAXIS Slimの歴史は比較的浅いため、将来のリターンを予測する際は、このMSCIインデックスの過去のデータを参考にします。

　MSCIの過去20年の実績から年利8〜9％という楽観的な予想もありますが、より現実的に考えると、**年利4〜7％程度と見積もるのが妥当**。以前の「年利3％でOK」という時代と比べると、はるかに高いリターンと言えます。なお、リターンの予測は難しく、過去の実績が将来の結果を保証するものではありません。控えめな予想を立て、**それを上回ればラッキー**と考える姿勢が大切です。

推定 eMAXIS Slim 全世界株式（オール・カントリー）のリターン → 年利 4〜7％と見込む！

✓ 短期的な高パフォーマンスに惑わされない

　eMAXIS Slim 全世界株式（オール・カントリー）は2018年10月31日に設定され、その後コロナショックで大きく底値をつけました。そこから2024年7月まで基準価額が順調に上昇し、コツコツ買い続けた投資家の中には20％以上のリターンとなった人も多くいます。しかし、この期間の数字を根拠に未来を予測するのは危険。コロナショック後の値上がりは異常値と考える方がよく、最終的には4〜7％ぐらいの年利で落ちつくと考えましょう。また、新NISAを始めたばかりの人にとっては2024年8月の急落は「はじめての値下がり」であり試練だったかもしれません。しかし、**投資の世界では、このような下落は珍しいことではありません。**むしろ、そんな時こそ**「買い時」**と捉え、投資を続ける方がおトクです。

長期的視点で考える適切なリターン

年利4〜7％という予測は、長期的な視点で見れば非常に魅力的なリターンです。例えば、**毎月3万円を30年間投資し続けた場合、年利4％なら約＋1,002万円、7％なら約＋2,580万円**になります。これは元本1,080万円に対して、それぞれ**約2倍、3.4倍**もの資産に成長することを意味します。

安全性を保ちながらこれだけの利回りが期待できる投資商品は、他にはなかなか見当たりません。銀行の普通預金の金利が0.001％程度であることを考えると、その差は歴然としています。

eMAXIS Slim 全世界株式（オール・カントリー）のような全世界型の投資信託は現代の資産形成には欠かせない選択肢です。お金の不安を減らし、精神的な安定をもたらしてくれますし、夢だった海外旅行の資金など、人生を豊かにする様々な機会を提供してくれるでしょう。日々の小さな積立が、将来の大きな安心と豊かさにつながるのです。

年利	年	予想運用益（約）
年利4％	10年後	＋81万円
	20年後	＋380万円
	30年後	＋1002万円
年利7％	10年後	＋159万円
	20年後	＋843万円
	30年後	＋2580万円

eMAXIS Slim 全世界株式（オール・カントリー）のまとめ

1 運用コストは、年1万円当たり約6円と低コスト

2 世界の株式市場の約85％に投資できる

3 年利は4〜7％と考えておくといい

4 変えのきかない王道の1本！この投資信託を外す理由が見つからない

5 時々、投資先は替わるので気になる人は、月次レポートをチェック

08
口座開設は5分で完了！
楽天かSBIのどちらかで選ぶ

証券口座の開設は5分で完了できる！
わかりやすいのは、公式のYouTube動画

口座開設は楽天証券、SBI証券の
2大ネット証券がオススメニャ

証券口座の開設は最短5分で完了できる。
証券口座を開くだけなら、コストゼロなので、すぐ口座を開設してしまってもいいのでは？　やり方は証券会社の公式YouTubeがわかりやすい

☑ 証券会社は楽天か、SBIがオススメ

　証券口座を開設するなら、楽天証券かSBI証券のいずれかのネット証券会社がよいでしょう。ただし、NISA口座は1人1口座しか持てないため、楽天とSBIの両方でNISA口座を開くことはできません。また、途中で証券会社を変更する場合は、別途手続きが必要になります。

　将来的に投資に慣れてきて、eMAXIS Slim 全世界株式（オール・カントリー）以外の投資信託や海外ETFを購入したくなった際に備えて、ネット証券を選ぶ方が無難です。楽天証券、SBI証券、どちらのサイトが使いやすそうか、で決めていただくとよいでしょう。

証券口座の開き方は簡単！5分で完了

　YouTubeの公式チャンネル「楽天証券」「SBI証券公式チャンネル」で口座開設の方法を見ることができます。公式の解説付きなので、これを見ながら口座開設するのが最も簡単です。スマホとマイナンバーカードがあれば、5分ほどで口座開設ができます。例えばYouTubeで「楽天　口座開設」と検索すれば「【初心者向け】スマホで簡単！楽天証券の口座開設方法を実際の画面で解説」という公式の動画がすぐに見つかります。

悩まず証券口座を開設してしまいましょう。

　なお、ポイントを考慮すべきという考えもありますが、気にしない方がよいでしょう。ポイントの利用は証券会社の思惑次第なので将来的な保証があるわけではありません。どの証券会社で口座を開設しても「将来の運用結果が変わるわけではない」ので、スピード重視で口座開設をしてしまいましょう。

　もし、ネット証券以外で口座を開設をしたい場合は、次ページを参照してください。こちらの銀行などでもeMAXIS Slim 全世界株式（オール・カントリー）は販売されています。対面で新NISA口座を開きたいという人は、銀行を利用するのもひとつの選択肢。ただし、eMAXIS Slim 全世界株式（オール・カントリー）以外に投資をしたくなったときに、銀行では海外ETFを購入できないため、注意が必要。ぜひネット証券での投資に挑戦してみてください。

選ぶなら

 楽天証券かSBI証券

- サイトの使いやすさは重要。自分の感覚で選んで
- 商品はともに豊富！　将来、他の投資信託にも投資したくなっても、困ることは考えられない

販売会社一覧

アイザワ証券	三十三銀行	野村證券
あおぞら銀行	静岡銀行	フィデリティ証券
足利銀行	七十七銀行	福岡銀行
岩井コスモ証券（インターネット専用）	Ｊトラストグローバル証券	ＰａｙＰａｙ銀行
ＳＭＢＣ日興証券（ダイレクトコース専用）	十八親和銀行	ＰａｙＰａｙ証券
ＳＢＩ証券	ＧＭＯクリック証券	北國銀行
ＳＢＩネオトレード証券	スマートプラス	松井証券
ＦＦＧ証券	立花証券	マネックス証券
ａｕカブコム証券	大和コネクト証券	三菱UFJアセットマネジメントダイレクト（mattoco）
岡三証券	ＣＨＥＥＲ証券	三菱ＵＦＪ銀行（インターネット専用）
沖縄銀行	千葉銀行	三菱ＵＦＪ信託銀行（インターネット専用）
香川銀行	東京スター銀行	三菱ＵＦＪモルガン・スタンレー証券
北九州銀行	東邦銀行	武蔵野銀行
きらぼしライフデザイン証券	東洋証券	moomoo証券
熊本銀行	徳島大正銀行	もみじ銀行
京葉銀行	内藤証券	山口銀行
高知銀行	西日本シティ銀行	横浜銀行
		楽天証券

09

eMAXIS Slim 全世界株式（オール・カントリー）を買ってみよう

投資信託の買い方はとても簡単。
数回クリックするだけで設定は完了する

まずは基本のつみたて投資枠での設定するニャ
注意すべきはただ1つ。商品を間違わないこと

さて、実際に投資信託を購入してみよう。やり方は簡単。サイトから投資信託を検索して、つみたて投資枠で購入するだけ。拍子抜けするくらい、すぐ終わる

✓ 最初が肝心！　投資信託の検索の仕方

　サイトから投資信託を検索する際に気をつけたいのは、購入する商品を間違わないことです。楽天証券のサイトを例にして見てみましょう。

PC版はここから検索
必ず投資信託にタブを変更

☑ 「タブが違う」「検索キーワードが適当」はNG

　PC版では、デフォルトのタブは国内株式。投資信託にタブを変えないと検索ができません。例えば国内株式のまま、オール・カントリーと検索すると**「該当する銘柄はありませんでした。入力内容をご確認ください。」**となってしまいます。また、投資信託に変えても「オルカン」「イーマクシス」など正確ではない単語で検索すると、**「対象ファンドはございません。」**となってしまいます。少々面倒でも正式名称で検索するか、「オール・カントリー」または「eMAXIS Slim」などで検索を。

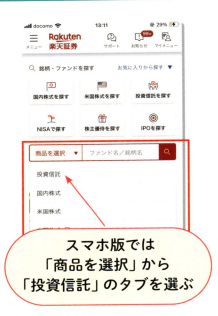

スマホ版では「商品を選択」から「投資信託」のタブを選ぶ

☑ 投資信託は似た名前の商品が多い

「オールカントリー」「eMAXIS」と検索してみると、次のような結果になります。似た名前の投資信託が多いので、間違って購入しないよう注意が必要。

eMAXISで検索

オールカントリーで検索

似た名前の商品が多いので気をつけて

左ページの画像のように別のオール・カントリーの投資信託なども同時に表示されるため、スマホ画面で見ていると、文字が細かく意外と間違いやすいようです。「オール・カントリーではない別のeMAXISシリーズを買っていた」なんてことにならないよう、しっかり画面を確認しながら購入しましょう。

☑ 買い方は数クリックで完了

　28ページでも紹介しましたが、購入はとても簡単。数クリックで完了します。つみたて投資枠で購入する場合をおさらいしましょう。

1 eMAXIS Slim 全世界株式（オール・カントリー）を選び、「積立設定」ボタンを押す

2 口座区分の中から「NISAつみたて投資枠」を選択

3 毎月の積立金額を入力

4 分配金コースは必ず再投資型

新NISA口座を開いて、eMAXIS Slim 全世界株式（オール・カントリー）の積立設定をする。

これで、新NISAでの投資はすべて完了したと言っていい！

10

はじめての投資は月3000円からがオススメ

最初は、毎月3000円からでOK！
無理のない金額で始める方がストレスもかからない

月3000円から始めて、半年～1年、様子をみたら
投資額の増額を検討してみるニャ

月3000円から投資を始めて大成功した人は1万人以上！　面白いことに投資を始めて、節約が楽しくなったという人は多い。余計なことにお金を使うなら、投資にまわしたいと思うように。自然とお金持ち体質になれる

✓ はじめての投資は月3000円からがベスト

毎月3000円！

「3000円」という額は、「はじめて投資をする方が、おそらくあまり怖さを感じずに投資にまわせる金額」であり、「貯金をしながら、投資をスタートさせるのにちょうどいい金額」です。

　2.6万件以上の家計相談に乗り、1万2千件以上の投資をサポートしてきた経験からも月3000円が投資を始める上で、ベストな金額だと断言できます。

☑️ 「投資用に貯金をしてから」が一番損をする

投資をしたことのない人は、ついつい「まずは貯金をしないと。投資もしたいけれど、そんな余裕はない」という考えを抱いてしまいがち。

しかし、投資を後回しにすると、貴重な「時間」をロスすることになります。

投資信託は、長く持てば持つほどお金が増えていくことは、これまでも説明してきたとおりです。納得がいく金額まで、お金が貯まるまで待っていたら、それだけ投資のスタートが遅れてしまうので避けるべきです。

結局、時間を失うことが一番もったいないのです。

そこで、月3000円からでいいので、とにかく投資を始めてしまいましょう。この金額なら、それほど躊躇せずに始められるはずです。お金を貯めてからと言っていると、大切な時間を損してしまいます。貯蓄が少ない、または十分でない人は、貯金と投資、両方を一緒にやっていきましょう。

☑️ 貯金だけではお金は減るばかり

投資を始めないリスクは、実は想像以上に大きいのです。ここ数年、生活費の上昇や物価高を感じている人は多いはず。物価の上昇は、お金の価値の減少を意味しますが、このことに気づいている人はどれくらいいるでしょうか。貯金だけに頼っていては、この波に押し流されるばかりです。大切な資産が、静かに、しかし確実にその価値を失っていくのです。

「投資を始めるべきか悩む」という気持ちはわかりますが、自分の持っているお金の価値が減り続ける現実はもっと怖いものです。

投資を始めてしまえば、働くという選択肢以外にもお金を増やす方法が手に入ります。「まずは月3000円から」という考え方は、投資の怖さを乗り越え、次の新しい未来へ進むための手段です。1日たった100円で未来は変えられるのです。月3000円で始めて投資の感覚をつかんだら、投資額を増やしていくよう考えてみましょう。徐々に自信をつけていくことが大切です。

月3000円から投資を始めた人たちの声

28歳 男性

月3000円から投資を始めて、2年たちました。今は毎月12000円投資をしています。無駄遣いをするくらいなら、投資にまわした方が効率的だし、節約するのも楽しくなりました。

34歳 女性

最初は、本当に増えるのか？と疑っていたけど、今はまったく疑っていません。少しずつ、お金が増えていくのを目の当たりにすると、投資は危険でもなんでもなく、生活必需品のひとつだと思うようになりました。このまま投資を続けて老後資金をつくります。

55歳 男性

退職金と年金だけでは不安で、いまのうちからと投資を始めた。約5年ほど続けているが、正直、積立の投資なら初心者がやっても何の不安もない。株や暗号通貨などに手を出して痛い目を見た人も周囲にはいるが、積立投資だけをやっていれば失敗しなかったのにと思う。新NISAという制度は、珍しく心から評価できる制度。今、年金を受け取っている世代とは違い、老後不安が高い世代は、少しでも積立投資をした方がいいと思う。

45歳 女性

投資を始めてすぐにコロナショックが来て、一瞬、投資は怖いなと思いましたが、本に書かれているとおり暴落時でも夫婦で毎月コツコツ投資を続けました。毎日、株価を見ることもしませんし、月に1回くらいしか口座を見ません。これだけほったらかしなのに、今では夫婦あわせて300万円ほどのプラスに。横山さんの本で投資を始めて本当によかったです。

COLUMN

投資の最大の目的は、「お金の不安のない」状態を自分自身でつくること

　新NISAの制度が始まり、多くの方が投資について考え始めています。特に60代、70代の方から「もう遅いのではないか」「投資をしても意味がないのでは」と相談されることがありますが、そんなことはありません。

　新NISAは生涯、生きている限り使える制度です。「人生100年時代」、運用を続けながら生活費を切り崩していけば資産寿命は長くなります。年金だけでは暮らせないという不安も解消していけるのです。

　ですから、私は「2〜3年分の生活に必要な金額を上回るお金は、スピードをあげて投資にまわしていきましょう」と伝えています。

　新NISAの特徴を見ると「積立投資の推奨」「手数料が低い投資信託しか選択できない」「リスクを抑えつつ効果的な資産形成が可能」「投資で得た利益にかかる税金がゼロ」など、メリットが多くあります。

　まさにeMAXIS Slim 全世界株式（オール・カントリー）のような優れた投資信託を運用するための制度といっていでしょう。

　大きく失敗することなく堅実に資産を増やしていけるので、新NISAでの投資を積極的に検討すべきです。

　この制度は、国民一人一人の資産形成を支援する、非常に優れた仕組みです。新NISAについて知れば知るほど、国が国民の資産形成にいかに真剣に取り組んでいるかがわかります。単なる投資制度ではなく、国民の豊かな未来を築くための重要な施策なのだと私は思います。

仕事の収入、年金、投資信託の三本柱で
お金の不安を解消しよう

　もしも20歳以上の人口の半分、5000万人の人が新NISAを利用し、20年後にそれぞれが資産を1000万円増やしたらどうなるでしょう。

　国全体としてはお金が500兆円分増えることになりますし、消費されるお金も増え、国が豊かになっていくのではないでしょうか。

　また今まで、多くの日本人は、収入を「仕事の対価としてもらうギャランティ」と「年金」という二本柱で考えていたはずです。しかし、そこに「生涯、非課税で運用し続けられる投資信託」が加われば、収入は三本柱になります。

　物価高、なかなか上がらない賃金、尽きないお金の不安など、新NISAはそうした状況をひっくり返すために国が用意した「お金の問題を自らの力で解決できる手段」なのです。

　もっともそれは、「自分の家計、自分の人生は自分たちで守れ」という国からのメッセージだと、とらえることもできます。

　老婆心ながら申し上げると、新NISAで投資を始めるかどうかによって、数十年後には資産に数千万円の差が生まれ、それは子どもや孫の世代にも引き継がれていくでしょう。

　20年後の世界では、お金が足りず、十分な生活ができない人に対し、「なぜ投資をしなかったのか」という自己責任論が巻き起こる可能性もあります。

　新NISAを利用して少しでも早く投資を始めるのか、新NISAができてもなお、投資に対し二の足を踏むのか。

　それは、今後の社会において、お金の悩みを解決し、豊かで充実した人生を送るか、お金の悩みを抱えたまま生きるかのわかれ道であるといえるかもしれません。

PART 4

ギモン、モヤモヤを解決！
初心者が**損をしないために**知っておきたい7つのこと

いくらリスクが低いといっても、落とし穴がないわけではない とにかく「長期、分散、積立」のルールを守ろう

新NISAどんなリスクがある？
失敗する例を見てみよう

ひとつ目のリスクは、個別株投資に手を出すこと。
株の売買は超ハイリスク。絶対やってはいけない

2つ目のリスクは、すぐ投資をやめてしまうこと。
将来、手に入るはずだったお金がなくなってしまうニャ

まず、個別株はNG。それ以外では、「損が出るのを恐れて投資信託をやめてしまう」ことが、一番大きなリスク。長期的に大きな機会損失を被る上、「投資でお金を増やす選択」が消えてしまい、本当にもったいない

☑ 新NISAでやるべきことを整理しよう

つみたて投資枠

○ 投資信託

成長投資枠

× 上場株式 　 △ 投資信託

× REIT 　 ○ ETF　投資に慣れたら

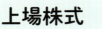

新NISAで投資ができるのは投資信託、上場株式、ETF（国内、海外）、REITの4つ。ETFとは上場投資信託のことで、個別株式のように1口単位で売買します。私がオススメする海外のETFを1口買おうとすると、1口数万円から。投資信託のように少額で買えないので、上級者向きです。REITは不動産投資信託。初心者は、ひとまず投資信託を積立購入するだけでOKです。

 投資信託で損をする可能性はどれくらい？

金融庁資料より　長期投資の運用成果

　では、投資信託にはどの程度のリスクがあるのでしょうか。興味深い資料があります。上のグラフは、金融庁の「はじめてみよう！NISA早わかりガイドブック」より作成。解説も引用しましょう。「1989年以降、毎月同じ金額ずつ国内外の株式と債券に積立投資を行い、5年間と20年間それぞれ保有した場合についての年間収益率を計算したもの」。グラフのとおり5年という短い期間だと、収益にばらつきが出て、元本割れする人もいますが「20年という長い期間では、どの時点から始めても、収益は安定し、少なくとも、1989年以降のデータでは**元本割れとなったケースはありませんでした**。」とあります。

✅ 金融庁のデータでは元本割れはゼロ!?

　金融庁のデータで重要な点をもう一度、確認しましょう。「1989年以降、いつ、どの時点から投資を始めても、20年にわたって積立投資をしたら元本割れの可能性はゼロ」。長期で投資をすれば、**誰ひとりとして損をせず、7割以上の人が4〜8％の年利**に落ち着いています。驚きの結果ではないでしょうか。

> 5年という短期間だと、
> 約15％前後が元本割れの可能性。
> それでも、80％以上は、収益がプラス。

> 20年間投資をすれば
> 元本割れの可能性はゼロ！
> 100％収益がプラスという驚きの結果に！

　もちろん、これは過去の実績をもとにした計算結果で、将来の投資の成果を保証するものではありません。ですが、もうひとつ事例を見てみましょう。こちらはアメリカの株式市場S&P500指数のような分散された株式ポートフォリオを長期間持っていた場合、どうなるかを示したグラフです。こちらでは1年目は大きく損を出すケースがありますが、5年たてば元本割れの人は2.4％。10年で1.4％。15年では損をする人がゼロ。全員プラス収支という結果になっています。アメリカ市場／経済の強さがうかがえるデータです。

出典:『ウォール街のランダム・ウォーカー＜原著第13版＞
株式投資の不滅の真理』著バートン・マルキール
（日本経済新聞出版）

☑ 「投資で失敗」のパターンを考える

　新NISAで失敗した事例は、現状ではただ1つ。ここまで紹介したように5年以上投資を続けていけば、元本割れのリスクはどんどん低くなり、将来的にはゼロになります。過去の実績ベースですが、金融庁の計算でもアメリカ・ウォール街の計算でもそれは同じです。

新NISAで失敗の例は、意外にもシンプル。
長期投資の真髄を見失い、早々に諦めてしまうこと。
つまり、始めてすぐやめてしまったケースのみ、です。

12 「新NISA大暴落!」「元本割れ」のニュースには要注意

始めて数年はリスクがあることを理解した上で、長期間、じっくり育てる意思が持てるかがカギ

一時的な急落、暴落は、よくあることニャ。とにかく投資をやめないことが大事ニャ

急落や大暴落が起きて、自分のお金が減ってしまったとき、投資初心者こそ気をつけてほしいことがある。絶対に慌てて投資信託を売ってはいけないし、投資をやめてもいけない。それが一番損をする

 株価が大暴落！ そのとき、投資初心者が絶対にやってはいけないことベスト3！

株価が大暴落！投資初心者が
絶対にやってはいけないことベスト3！

1. 慌てて投資信託（資産）を売ってしまう
2. 積立投資をやめる
3. 積立の金額を下げる

「新NISA大暴落!」のニュースが流れたが…

2024年8月急落のチャート
eMAXIS Slim 全世界株式（オール・カントリー）（期間 2024年4月～10月）

2024年1月に新NISAがスタートしました。年初から順調に株価が上がっていった矢先の8月に急落がありました。投資を始めたばかりの人からすれば、いきなりお金が減ってしまいショックだったはずです。加えて「新NISA大暴落!」「大損した人も」というあおり気味のネットニュースなども流れ、せっかく始めた投資信託を全部売却してしまい「二度と投資をしない!」という人もいるかもしれません。

ですが、ここまで説明してきたとおり長期で積み立てることの意義を理解していれば、慌てず投資をやめることもなかったはずです。これから投資を始める人は、「いつか大暴落、急落する日も来る」と心にとめて、ニュースやSNSに過剰反応しないように心がけましょう。

✅ **慌てて投資信託を売ることを狼狽売りという**

狼狽売りだけは、絶対にやめよう!

　値段が下がったことを受け、怖くなって慌てて売却することを「狼狽売り」といいます。一番、損をするのはこの「狼狽売り」をする人です。長期で持つはずの投資信託が多少下がったからといって売るのは大間違いです。過去、下がり続けた相場はなく、「新NISA大暴落!」のような言葉にだまされて、損をするのは自分です。**8月の急落についても、もう少し長期の目線で見てみれば、それほど大きな出来事ではなかったことがわかります。**下のグラフはちょうど5年間分、2019年10月から2024年9月までのeMAXIS Slim 全世界株式（オール・カントリー）の推移です。

一時的な急落、暴落は、気にしなくてよい

　2024年8月の急落も、短期的に見れば確かにショックを受けるかもしれませんが、長期でみれば、「そんなに大げさに騒ぐこと?」というくらいの下がり方に見えてしまいます。基準価額を遡れば、2024年2月ごろ、半年前の価額に戻っただけ。

　ちょっとおトクに買えるタイミングぐらいのものではないでしょうか。

長い目で見れば、慌てて売ってしまうより、また上がるのをじっくり待つ方が間違いなく正解。とにかく狼狽売りはやめておこう。

 ## 暴落しても、投資をやめてはいけない

　投信積立は、ドル・コスト平均法という方法を用いています。これは、価格が安いときにより多くの口数を購入できるため、平均購入単価を低く抑える効果があります。購入単価が低ければ、将来的に元本割れするリスクも軽減できます。そのため、暴落時こそ積立を続けることが大切です。この機会を逃してしまうと、かえって損をする可能性が高くなります。ドル・コスト平均法の詳細は76ページで紹介していますが、市場の変動に関わらず定期的に投資を続けることで、長期的にはより有利な結果につながる可能性が高くなります。

・**狼狽売りをすれば、損が決定するだけ**
・**投資をやめてしまうのも、損をするだけ**
・**月の購入金額を下げると、価格が下がっているのに少ししか商品を買えないので、損をするだけ**

　ぜひ、急落、暴落時にはこの3つを思い出してください。

13

いつ始めるのがベスト？
一番損をしにくいのは？

「株価が下がるのを待とう」「為替が良くなったら…」
なんて考えていたら、いつまでたっても始められない

今日という日が、いつだって「ベストタイミング」
5年前に投資を始めた人は＋130万円を思い出すニャ

投資の始め時を見計らって待つ人がいるが、それは時間の無駄でしかない。ありもしない絶好のタイミングを求めて、為替や株価とにらめっこするのだろうか。投資信託においては常に今が一番、儲けられる瞬間だ

✅ 基本的に世界経済は右肩あがり

　右ページの図を見てみましょう。これはアメリカの代表的な指数、S&P500の1880年ごろからのグラフです。日本経済は1990年のバブル以降、30年かけてようやく株価を戻し、その道中は波乱含みで上がり下がりをしていましたが、アメリカ株は基本的に右肩上がりです。アメリカのドルは世界中の基準通貨になっている上、19世紀の終わりから長らくアメリカ経済は世界一です。ゆえにアメリカを中心とした投資信託は、これまでどおりに右肩上がりというのが基本的な考え方です。仮にアメリカ以外の国が世界第一位になる日も来るかもしれませんが、人間に、よりよく豊かに暮らしていきたいという気持ちがある限り、経済は右肩上がりで続いていくでしょう。

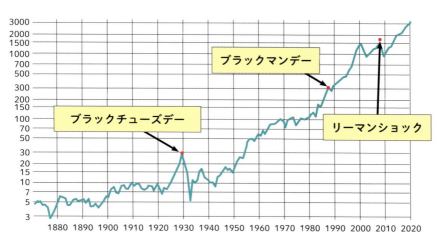

「s&p500 historical prices」

 投資を始めるのは、いつがベスト？

**波はある。でも長期で見れば世界経済は右肩上がり！
いつでも「今が最安値」と考えるべき！
投資のベストタイミングは今この瞬間！**

　投資信託を語る際、常に「いつ買うべきか」という議論がつきまといます。しかし、多くの人は67〜68ページで紹介したように長期的な視点ではなく、短期的な見方で「今は株価が高い」「チャンスが来ていない」と考えがちです。

　このように「自分なりに相場を読んでおトクなタイミングで始めたい」という考え方は意味がありません。将来のことは誰にもわからないからです。

　投資は早く始めた人が有利になるように設計されていると考えるべきです。

14
利息が利息を生む。
複利的効果こそが投資のカギ

長い時間をかけて投資をすると、なぜお金が増えていくのか。それは複利的効果のおかげ

投資信託の分配金コースを「再投資型」に設定することで、複利的効果を得られるニャ！

複利的効果は、あなたの資産を着実に増やしていく魔法のような仕組み。はじめは小さな金額でも、時間とともに驚くほどの額に膨れ上がる。投資信託を長く持つほどリスクがゼロになるのは複利のおかげ

☑ 単利と複利について知ろう

利息を計算する方法は2つあります。「単利」と「複利」です。
単利　元本に対してだけ利息がつく
複利　「元本＋それまでの利子」に利息がつく

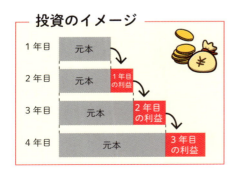
投資のイメージ

投資によって得た利益を再投資し（元本に組み入れ）、元本を少しずつ大きくすることによって利息が大きくなっていくのが複利。このように複利を使うと、得られる利息が雪だるまのように増えていきます。

100万円を年利6％で運用した場合の利息の比較

(万円)

	1年目	3年目	5年目	…	20年目
単利の利息	6	6	6	…	6
複利の利息	6	6.7	7.5	…	18.1

単利は、元本にのみ利息がつくため、未来永劫、利息は6万円。複利なら元本に利息が組み入れられ、元本が大きくなっていくので、得られる利息が増えていきます。

なお、28ページの「つみたて投資枠」の説明で、**必ず分配金コースを再投資型にと書いたが、これはこの複利的効果を考えてのこと。**

再投資型→得られた利益（分配金）を元本に加えて、再投資をする方法

この場合の元本とは、購入した投資信託にあたります。

得た利益で、同じ投資信託を買う。これによって元本を増やしていくことになり、複利と同じような効果が得られるようになっているのです。

年利の効果は、元本が大きくなるほど顕著になります。例えば、3000万円の元本があれば、年利6％の場合、1年で180万円の利息が得られます。

> 複利的な効果は、時間の経過とともに大きくなる。
> ゆえに複利的効果を高めたければ、すぐ始めることが大切。
> 投資信託を購入するなら、
> 常に「今日」が最適なタイミングなのです。

15 投資の黄金ルール、長期、分散、積立を死守せよ

投資の三種の神器は「長期」「分散」「積立」。
この黄金ルールを守るだけでいい！

投資の敵は、「大暴落！」「今こそ日本株」「儲かる！」
などの記事、誘惑かも。不動心で立ち向かうニャ

長期投資で時間を味方につけ、分散投資でリスクを抑え、積立でコツコツ投資を続ける。この鉄則を胸に刻めば、決して道を誤ることはない。この黄金ルールを守り抜く強い意志こそが、成功への近道だ

☑ 長期・分散・積立を守れるかが勝負

　これまで、安全に投資をするためのポイントとして、長い時間をかけること、投資先を分散させること、コツコツと積み立てることなどを説明してきました。実はこれらのポイントを専門的な用語で表すと、「長期・分散・積立」という言葉に集約されます。「長期・分散・積立」は、投資の世界で語り継がれる黄金ルールですが、（「2021年度証券投資に関する全国調査（個人調査）」によれば、この3つが投資のリスクを減らすのに有効だということを知っている日本人は、わずか14.8％しかいません。ですが、黄金ルールを実践することこそ、安全で効果的な投資につながります。

悪いニュース、楽な儲け話にだまされない！

長期投資のメリット
- 長い時間をかけるほど、元本割れのリスクが減る
- 年利・複利的な効果で、資産がどんどん増えていく
- 一時的な市場の変動に惑わされずに済む

分散投資のメリット
- 投資信託を活用することで、手軽に分散投資が可能
- 異なる国、通貨、企業、資産に分散することでリスクを低減

積立投資のメリット
- 少額から始められるため、投資の敷居が下がる
- ドル・コスト平均法で、投資のタイミングを分散できる
- 投資を習慣化することで、長期的に資産を築ける
- 大きな失敗をしにくくなる

ドル・コスト平均法について知ろう

　ドル・コスト平均法とは、毎月決まった金額を投資する方法です。例えば、毎月1万円ずつ投資信託を購入するイメージです。この手法の最大のメリットは、投資のタイミングリスクを分散できることにあります。

　株式市場は日々変動するため、一度にまとまった金額を投資すると、高値つかみのリスクを避けられません。しかし、ドル・コスト平均法を使えば、株価が高いときは少ない口数を、安いときは多くの口数を購入することになるため、平均取得単価を下げられます。

　例えば、果物の価格を例に考えてみましょう。ミカンを毎月1000円分買うとします。夏は高くて5個、冬は安くて15個買えるかもしれません。年間を通じて買い続けることで、平均的な価格でミカンを購入することができます。投資も同じ原理で、市場の変動に関係なく、長期的には平均的な価格で投資できるのです。

　この方法には、もうひとつ大きなメリットがあります。それは、機械的に購入し続けることで、感情に惑わされずに済むということです。先ほど説明したとおり、多くの投資初心者が陥りがちな失敗に「狼狽売り」がありますが、**ドル・コスト平均法を使えば、このような感情的な判断を避け、冷静に投資を続けられます。**

　つまり、ドル・コスト平均法は、特に長期の積立投資に適した方法なのです。市場の変動に左右されず、着実に資産を増やしていく手法として、多くの投資家に支持されています。

ドル・コスト平均法で投資信託を買ったら

投資信託の取引単位は「口数」で示されます。変動する投資信託の価格は「基準価額」と呼ばれ、多くは「1万口あたり」で示されます。

	1か月目	2か月目	3か月目	4か月目	
投資信託1万口の価格推移※	1万円	2万円	5千円	1万円	
最初に4万円分購入した場合	4万円	0円	0円	0円	購入総額4万円 / 購入口数 計4万口
	4万口	0口	0口	0口	平均購入単価（1万口あたり）1万円
毎月1万円ずつ購入した場合 **積立投資**	1万円	1万円	1万円	1万円	購入総額4万円 / 購入口数 計4.5万口
	1万口	5千口	2万口	1万口	平均購入単価（1万口あたり）約9千円

価格が**高い**ときは**少なく購入**することになります

価格が**安い**ときは**多く購入**することになります

この例では**毎月1万円ずつ購入していた場合**の方が、**平均的な購入単価を安く**することができました。

※投資信託の取引単位は「口数」で示されます。変動する投資信託の価格は「基準価額」と呼ばれ、多くは「1万口あたり」で示されます。

出典：金融庁『つみたてNISA早わかりガイドブック』

まとめ

「長期・分散・積立」を実践する**一番簡単な方法**。
それが新NISAのつみたて投資枠を使い、
「積立&ほったらかし」をすることだ

PART 4 ギモン、モヤモヤを解決！ 初心者が損をしないために知っておきたい7つのこと

16 「貯金」対「新NISAで投資」未来の資産額を比べてみよう

近年の物価高、光熱費の値上がりで実感したとおり、実質的にはお金の価値は目減りする一方

「貯金だけ」の人は働き続けないとお金を増やせない
世界の優良企業に助けてもらう方がいいニャ

老後資金2000万円を貯金だけでつくろうとしたら、月3万円ためても55年7か月もかかる。投資信託で月3万円なら半分以下の25年。もし運用成績がよければもっと早くに2000万に到達できてしまう

☑ 「貯金」と「投資」、将来の差は？

ここで貯金だけする人と投資をする人、その差を見てみましょう。
改めて見ると、貯金だけで将来に備えるのは難しそうだとわかります。

貯金だけの人　月3万円貯金しても……	
10年後 **360万円**	20年後 **720万円**
30年後 **1080万円**	40年後 **1440万円**

老後2000万円問題が話題になったが、貯金だけで2000万円達成するのは、少し難しそう…

投資の運用益は、どんどん増えていく

eMAXIS Slim 全世界株式（オール・カントリー）に投資をして、仮に年利6%のリターンが得られた場合を見てみましょう。年利6%はごく平均的な年利といえるので、決して大げさな数字ではありません。それでも、20年後には約1386万円もの資産ができています。貯金と比べると2倍ほどの金額です。

年利6％で月3万円投資信託を積立

年月	貯金	投資
10 年後	360 万円	491 万円
20 年後	720 万円	1386 万円
30 年後	1080 万円	3013 万円
40 年後	1440 万円	5974 万円

貯金 VS 投資　差は開く一方だ

17 家計の見直し、生活防衛資金について

病気などで働けないときの生活防衛資金として、最低でも生活費の7.5か月分を現金で持っておきたい

現在、それだけの貯金があればOKだが、ない場合は、投資と平行して貯金していくニャ

いざというときに貯金がないことで、人生の選択肢が減ったり、だまされたり、普段では決して手を出さないカードローンに手を出したり。望まぬ人生を歩まないためにも、生活を守る資金は別に用意しよう

✅ 貯金額の理想は「月収7.5か月分の貯金」

　貯金というのは、「目の前のピンチを切り抜けるためのお金」と考えましょう。「7.5か月分」の内訳は、「使うための貯金＝月収1.5か月分」と「おろさない貯金＝月収6か月分」です。これは最低限の備えです。
「使うための貯金」というのは、その月の生活費が足りなくなったとき用＋ちょっとした予定外の出費などに対応できる用のお金です。「おろさない貯金」というのは、病気やケガ、突然の退職などにより、万が一収入が途絶えても、当面生活できるようにするための「生活防衛資金」です。

生活費＋ちょっとした出費用 月収1.5か月分	＋	生活防衛資金 月収6か月分	＝	月収7.5か月分の貯金

✅ 7.5か月分の貯金ができたら投資額を増やす

　いざというときに動かせる、まとまったお金があるかどうかで、人生は大きく変わってしまいます。病気などのピンチにも対応できますし、最低でも半年分の貯金があれば、どんな事態になってもある程度余裕を持って過ごすことができます。今、貯金額が足りないという方は、月3000円の投資＋貯金で月収7.5か月分の貯金を目指しましょう。「お金が必要になったから」と、購入した投資信託を早々に手放してしまうようなことがあってはいけません。

✅ 家計簿で貯金のスピードをアップ！

お金の使い道は、消費、浪費、投資の3つに分かれる

(消)	消費：生活に必要なものに使うお金。生産性は、さほど伴わない。食費、住居費、水道光熱費、教育費、被服費、交通費など。
(浪)	浪費：生活に必要がなく、無意味で生産性のないものに使うお金。嗜好品、程度を超えた買い物やギャンブル、固定化された高い金利など。
(投)	投資：生活に不可欠ではないものの、将来の自分にとって有効な、生産性の高いものに使うお金。

　強い家計をつくるため、最も減らしたいのは、過度な浪費の部分です。次に、必要以上に偏った消費の一部です。お金をきちんと貯められる人は、自分の軸（価値観）がしっかりあり、消費、浪費、投資の区別がはっきりしている傾向があります。毎月の家計の内訳は、消費70％、浪費5％、投資25％（貯蓄：15％、自分への投資：10％）が理想的な配分です。貯金が苦手でも、投資を始めたことでお金への意識が変わり無駄遣いが減ったり、貯金のスピードがアップした人は多くいます。

　なお、家計管理の基本はやはり家計簿です。使いやすければアプリでも紙でもなんでも構いません。貯金が苦手な人は家計簿をつけず「感覚でお金を使っている人」が多いので、投資をきっかけに一度、家計を「見える化」してみましょう。固定費削減も重要です。

PART 5

投資に慣れたら次のステップへ
成長投資枠や海外ETFの活用を

投資を始めて半年くらいたったら成長投資枠を使って「海外ETF」の購入なども考えてみよう

18

投資に慣れてきたら、成長投資枠を使おう

投資は原則、「無理のない範囲」が基本だが月3000円の積立に慣れたら、金額を増やす検討を

月収7.5か月分以上の貯金ができたらまわせる分だけ投資にお金をまわすニャ

投資に慣れてくると、次は「月にいくらまで投資をしたらいいのか」に悩む。基本は月収7.5か月分以上の貯金ができたら、あとはまわせるだけ投資にまわしていい。資産増加のスピードアップを目指そう

☑ 月々の積立額を増やしてこう

月3000円と月2万円、月5万円の投資では資産が増えるスピードがかわります。試しに年利6％、20年後の資産を比べてみましょう。

投資額	月3000円	月2万円	月5万円
運用益	＋13万円	＋440万円	＋1110万円
総額	49万円	924万円	2310万円

超おトクな成長投資枠の使い方

月々の積立額を増やす以外にも、投資額を増やす方法があります。成長投資枠を活用した一括購入です。投資信託の価格が大きく下落したタイミングを狙って実行しましょう。ここでは、この手法の基本と関連する専門用語について簡単に説明します。

用語

・約定日	購入・売却注文が成立した日のこと
・約定単価	売買が成立したときの価格
・注文締切	通常、15時まで。15時以降の売買注文は翌日の扱いとなる
・投資信託の基準価額	投資信託の基準価額は1日に1回決定
・一括購入	自分の好きなタイミングで、金額を決めて購入すること
・預り金	投資用に証券会社の口座に預けられた（入金された）お金。いつでも入出金できるが、預り金にお金がないと一括購入はできない

第一のポイントは、投資信託の場合、通常、約定日は注文の翌営業日になることです。投資信託の基準価額が決まるのは1日に1回。つまり今日の基準価額では買うことはできず、明日の「まだ決定していない基準価額で買う」と注文を出す形になります。頻繁に一括購入をする必要はありませんが、初心者でもわかる2024年8月の急落のような日はチャンスです。一番の底値を正確に狙うのは不可能ですが、急落後の急激な反発は稀。大幅下落を感じたその日に注文を出せば、少しおトクに投資額を増やすことができます。

買い方は29ページのとおりです。預り金がないと買えませんが、ネットバンキングを使っていれば預り金はリアルタイムで入金できます（一部の金融機関に限る。できない時間帯もあります）。「急落、大暴落が来た！」とはっきりわかってからでも注文は間に合います。

翌営業日の基準価額で注文する方法がわかれば、市場の大きな変動を投資のチャンスとして活用でき、長期的には有利な投資の機会を得られるはずです。

2024年8月の急落での例を見てみよう

　これは実際に2024年8月の急落時に成長投資枠で投資信託を購入したOさん（98ページ）の例です。67ページでも紹介した2024年4月～8月の推移から、8月の急落部分を拡大してみます。

　急落のニュースが流れた8月5日。Oさんは仕事で忙しく、翌6日に基準価額を確認しました。確かに大幅に下がっているものの、今が買い時なのかわからず、様子を見ることに。その後、反発して上がり始めた8月9日に成長投資枠で15万円分注文。3連休を挟んでの13日に約定となりました。約定単価は23,769円。底値の22,688円に比べれば値上がりしているとはいえ、直前の27,282円と比べれば3,500円ほど安く購入できました。底値ではなかったとはいえ、十分おトクに購入できたのです。このように日々の値動きに応じて投資額を増やすという方法もあります。

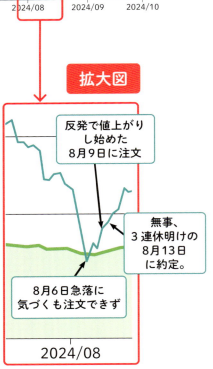

19 少しリスクを取ってもいいなら「S&P500」を買おう

少しリスクをとってもいいなら
eMAXIS Slim 米国株式（S&P500）を

右肩上がりで成長を続けるアメリカへの
投資を増やしてリターン増を狙うニャ

eMAXIS Slim 全世界株式（オール・カントリー）に加えて、eMAXIS Slim 米国株式（S&P500）を買おう。国の分散がないので少しだけリスクは上がるが、リターンは増えると予想できる

✓ 全世界型と全米型を組み合わせるという考え方

eMAXIS Slim 全世界株式（オール・カントリー）は、約62％がアメリカ株式です。これにアメリカ株式100％の投資信託を加えると、ポートフォリオ全体でアメリカの比重がさらに高まります。リスクは増しますが、アメリカ経済の成長力を考えると、検討する価値はあるでしょう。

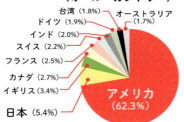

eMAXIS Slim 米国株式（S&P500）とは

基本情報 （2024年10月時点）

購入時手数料	管理費用（信託報酬含む）	信託財産留保額	純資産	運用会社
なし	0.09372%	なし	5兆2022億円	三菱ＵＦＪアセットマネジメント

■組入上位10銘柄

2024年2月26日時点　組入銘柄数：503銘柄

順位	銘柄	国・地域	業種	比率
1	MICROSOFT CORP 株式	アメリカ	ソフトウェア・サービス	7.0%
2	APPLE INC 株式	アメリカ	テクノロジー・ハードウェアおよび機器	6.1%
3	NVIDIA CORP 株式	アメリカ	半導体・半導体製造装置	4.5%
4	AMAZON.COM INC 株式	アメリカ	一般消費財・サービス流通・小売り	3.7%
5	META PLATFORMS INC-CLASS A 株式	アメリカ	メディア・娯楽	2.5%
6	ALPHABET INC-CL A 株式	アメリカ	メディア・娯楽	2.5%
7	BERKSHIRE HATHAWAY INC-CL B 株式	アメリカ	金融サービス	1.7%
8	ELI LILLY & CO 株式	アメリカ	医薬品・バイオテクノロジー・ライフサイエンス	1.4%
9	ALPHABET INC-CL C 株式	アメリカ	メディア・娯楽	1.4%
10	BROADCOM INC 株式	アメリカ	半導体・半導体製造装置	1.3%

リスクは少し上がるが、その分リターンも増える

　eMAXIS Slim 米国株式（S&P500）は、アメリカの大・中企業約500社に一括投資できる商品。テクノロジー、ヘルスケアなど様々な業界のリーディングカンパニーが含まれており、アメリカ経済の中核を捉えられます。この商品を全世界株式と組み合わせることで、世界経済全体への投資を維持しつつ、アメリカ市場の上昇局面をより効果的に捉えられる可能性が高まります。

　両ファンドともeMAXIS Slimシリーズなので、低コストで運用でき、長期投資に適しています。旧つみたてNISAで投資をしていた人の多くが、このように全世界型と米国型を組み合わせて、大きなリターンを得ています。

月の積立額はどう考えればいいか

月3000円なら

| eMAXIS Slim
全世界株式
（オール・カントリー）
1500円
（月額の50%） | eMAXIS Slim
米国株式
（S&P500）
1500円
（月額の50%） |

2つの投資信託を買う場合、投資額の比率は50％：50％が適切だと考えます。月3000円の投資なら、各1500円ずつ購入するのがよいでしょう。

アメリカに投資先を集中させるリスクはありますが、実績ではeMAXIS Slim 米国株式（S&P500）の方が年利が1〜2％高くなる傾向があり、長期的には年利8％から9％程度になると予想されます。ただし、高い年利だけを理由にeMAXIS Slim 米国株式（S&P500）のみを選択するのは賢明ではありません。投資の黄金ルール「長期・分散・積立」を考慮すると、この1本だけでは十分な分散とは言えないからです。

==大切なのは、eMAXIS Slim 全世界株式（オール・カントリー）とeMAXIS Slim 米国株式（S&P500）の2本をセットで購入すること。==

投資を始める上で、現時点ではこれが最高の組み合わせと考えられます。

一歩先に進みたい人へ。
「海外ETF」を始めよう

投資初心者でもできる！
「一番おトクな増やし方」は積立＋海外ETF！

「投資予算が多い」「時間があまりない」人は
海外ETFという攻めの投資を考えてほしいニャ

新NISAを利用した投資の基本は、積立で間違いない。ただ、eMAXIS Slim 全世界株式（オール・カントリー）の積立投資に慣れたら、ぜひ一度、「成長投資枠で海外ETFを買うこと」を考えてほしい

✓ 成長投資枠の最終兵器「海外ETF」

　ETFとは、証券取引所に上場している投資信託のこと。
　投資信託より難しく感じますが、市場が開いている間（日本なら平日午前9時から午後3時）、個別株式と同じように値動きを見つつ、自分が希望する株価を指定して購入できるものです。
　つまり、「価格が下がったときに多く買い、大きなリターンを得る」という、誰でも一度は考えることを狙うのが、ETFへの投資となります。
　しかも、ETFは投資信託であり分散投資ができるため、個別株式への投資に比べると安全性が高いのです。ですから、私は、みなさんにはぜひ、つみたて投資枠での投資信託の積立購入に加え、良きタイミングを見計らって、成長投資枠で海外ETFを買っていただきたいと思っています。

海外ETFの一括購入がオススメの理由

- 一般の投資信託に比べ、ＥＴＦには信託報酬（投資信託を運用している間、投資家が運用会社に支払い続ける報酬）が安いというメリットがある

- 一般の投資信託と違い、リアルタイムで売買できるため、価格が下がったときを狙って買うことで大きなリターンを狙える

- 投資信託は円資産、ＶＴやＶＴＩのようなアメリカのＥＴＦはドル資産になるので、通貨のリスクヘッジができる

- 円高のときにドルを買っておき、そのドルでＥＴＦの価格が下がったときに購入するのが理想

- ＥＴＦを売却するとき、円安であれば為替差益も得られる。

- ＥＴＦの値上がりによる利益も得られる

- 為替と株価、二重の意味で日本円で投資信託を積立購入するだけの投資より、リターンを大きくできる可能性がある

世界最強の商品を手に入れよう

　最後に、成長投資枠を使って、みなさんに一括購入していただきたい海外ETFの商品名をお伝えしてしまいましょう。
　それは、

VT
（正式名称：Vanguard Total World Stock Index Fund ETF、
　　　　　バンガード・トータル・ワールドストックETF）

VTI
（正式名称：Vanguard Total Stock Market Index Fund ETF、
　　　　　バンガード・トータル・ストック・マーケットETF）

という2つの海外ETFです。
　これらの商品をオススメする理由は、単純明快！
　世界最強の運用会社がつくった、信頼性の高いETFだからです。
　VTやVTIの正式名称の冒頭の「バンガード」というのは、アメリカの投資運用会社・バンガード社のことです。
　バンガード社は、個人投資家の利益を追求する運用会社として深く信頼され、「世界最強の運用会社」ともいわれています。
　VT、VTIの購入方法、そして買い方のポイント、心構えなどは、拙著『**はじめての人のための3000円投資生活　新NISA版**』にて詳しく解説しています。
　ぜひ、eMAXIS Slim 全世界株式（オール・カントリー）の積立投資になれたら「成長投資枠でVT、VTI」を買うことを一度考えてみてください。
　バンガード社のVTとVTIの値が下がったところを狙って購入する。これが新NISAを使った投資の最終目的地です。あなたに素晴らしい未来が訪れることを心から祈っています。

PART 6

一問一答付き！
新NISAで投資をしている人の実例を紹介します

旧つみたてNISAから、新NISAまでの実例を紹介。色々な投資信託の実績を見てみよう！

✓ 運用実績についての大切なお知らせ

　本書ではeMAXIS Slim 全世界株式（オール・カントリー）をオススメしていますが、**私の以前の著書「3000円投資生活」シリーズでは楽天・全世界株式インデックス・ファンドを推奨していました。**そのため、ここではおひとりを除き、楽天・全世界株式インデックス・ファンドの実績を中心に紹介します。

　しかし、ご心配なく。つみたてNISA開始以降、eMAXIS Slim 全世界株式（オール・カントリー）と楽天・全世界株式インデックス・ファンドの実績はほぼ同等です。両者とも世界全体に投資するファンドであり、運用結果に大きな差はありません。

　私が長年、楽天・全世界株式インデックス・ファンドを推奨してきたのは、その実績と安定性が理由でした。ところが、2023年10月にeMAXIS Slim 全世界株式（オール・カントリー）が手数料を大幅に引き下げ、楽天・全世界株式インデックス・ファンドの**約3分の1**になりました。実績が同等で手数料が大幅に安くなったため、これから投資を始める方にはeMAXIS Slim 全世界株式（オール・カントリー）をオススメすることにしました。

　両ファンドの実績はほぼ同じですので、ここで紹介する楽天・全世界株式インデックス・ファンドの実績は、これから投資を始める方にとっても良い参考になるはずです。

　簡単に言えば、下記のようにイメージしていただければ結構です。

楽天・全世界株式インデックス・ファンド	≒	eMAXIS Slim 全世界株式（オール・カントリー）
楽天・全米株式インデックス・ファンド	≒	eMAXIS Slim 米国株式（S&P500）

表の見方

①トータルリターン

持っている投資信託の**すべての損益の合計額**。全体でいくらプラスか、マイナスかがわかる。

②資産合計

保有している投資信託の時価評価額や預り金の合計。預り金がなければ、投資した**元本**と**利益**の**合計額**になる。

③保有口数

投資信託の取引を行う際の単位は、「口」。1口、2口と数える。保有している口数がわかる。

④平均取得価額

投資信託を購入した総額を、保有数量で割ったもの。10000口あたり、平均いくらで取得したかがわかる。

⑤取得総額

投資信託を購入した金額の合計。

⑥評価損益

保有資産の「現在の価格(時価)」と「購入時の価格」の差額。

⑦資産合計

保有資産の取得総額と評価損益の合計。

⑧【旧】つみたてNISA

2018年1月開始、2023年末に終了した「つみたてNISA」の制度で購入したものの一覧。

⑨【新NISA】つみたて投資枠

2024年1月からはじまった新NISA「つみたて投資枠」で購入したものの一覧

54歳 男性 Ｓさんの実績

投資歴約6年　年齢54歳　男性
月額投資額　約2〜6万円

トータルリターン
＋588,648円

資産合計　2,125,341円

【旧：つみたてNISA】

保有商品	保有口数	平均取得価額 取得総額	評価損益	資産合計
eMAXIS Slim全世界株式 （オール・カントリー）	601,144口	16,746円 1,006,675円	+548,484円	1,555,159円

【新NISA つみたて投資枠】

保有商品	保有口数	平均取得価額 取得総額	評価損益	資産合計
eMAXIS Slim全世界株式 （オール・カントリー）	187,851口	23,956円 450,015円	+35,955円	485,970円

【新NISA 成長投資枠】

保有商品	保有口数	平均取得価額 取得総額	評価損益	資産合計
eMAXIS Slim全世界株式 （オール・カントリー）	32,552口	24,577円 80,003円	+4,209円	84,212円

Sさんの投資の目的　感想など

　旧つみたてNISAでのeMAXIS Slim 全世界株式（オール・カントリー）への積立金額は毎月2万〜3万位だったと記憶している。新NISAではつみたて投資枠で月5万、成長投資枠で月1.2万積立をしている。成長投資枠も積立として利用。新NISAがスタートした時点ではクレジットカードでの積立金額の上限が5万円（2024年3月時点で10万円まで上限が引き上げられた）までだったので、つみたて投資枠で5万円。成長投資枠で月1.2万円の積立を設定。現在も設定を変えず、そのまま運用を続けている。

　投資といっても、以前は定期預金感覚で考えていたが、最近の相場の安定した伸びを見て、より積極的な姿勢に転じている。生活防衛資金分の貯金は既に確保できているため、今は攻めの時期だと判断し、可能な限り多くの資金を投資にまわすつもりだ。

　子どもの教育費や老後資金など、将来の大きな出費に備える目的もあるが、現在の市場環境を考えると、むしろ積極的に投資額を増やすチャンスだと捉えている。以前は投資に対する不安も大きかったが、相場の安定した上昇傾向を見て、今はその不安よりも、このタイミングを逃さず資産を増やすことへの意欲の方が強い。

　収支としては十分な成果が得られていると実感しており、投資意欲をさらに後押ししている。

42歳 男性　Oさんの実績

投資歴約5年　年齢42歳　男性
月額投資額　約3〜4万円

トータルリターン
＋1,314,182円

資産合計　3,514,807円

◎おもな保有商品一覧（未掲載の投資信託もあり）

【旧：つみたてNISA】

保有商品	保有口数	平均取得価額 / 取得総額	評価損益	資産合計
楽天・全世界株式インデックス・ファンド	283,467口	14,499円 / 410,999円	+290,496円	701,496円
楽天・全米株式インデックス・ファンド	524,877口	17,375円 / 912,003円	+733,696円	1,645,699円

【新NISA つみたて投資枠】

保有商品	保有口数	平均取得価額 / 取得総額	評価損益	資産合計
楽天・全世界株式インデックス・ファンド	30,483口	22,963円 / 70,000円	+5,436円	75,436円
楽天・全米株式インデックス・ファンド	84,998口	28,824円 / 245,000円	+21,503円	266,503円
eMAXIS Slim 米国株式（S&P500）	15,629口	28,792円 / 45,000円	+3,486円	48,486円

【新NISA 成長投資枠】

保有商品	保有口数	平均取得価額 / 取得総額	評価損益	資産合計
楽天・全米株式インデックス・ファンド	52,414口	28,694円 / 150,399円	+13,939円	164,339円

Oさんの投資の目的　感想など

　2020年から横山氏の書籍のとおりに楽天全世界、全米株式を中心に購入。そのほかeMAXIS Slim 新興国株式インデックスなども少し購入。リスク分散にはなったが、新興国の投資信託のリターンが最も低いので、新興国株式インデックスの購入は新NISAになり、やめた。代わりにeMAXIS Slim 米国株式(S&P500)を追加し、様子を見ているところ。投資信託を始める前は、貯金が苦手で決まった額を、毎月貯金することがなかなかできなかった。

　ただ、楽天で投資信託を始め、積立指定日を「7日」に設定してからは順調に貯金も投資もできるように。積立指定日を7日にすると、毎月27日ごろに引き落としになる。給与は25日の振込なので、ほぼ天引きのような感覚で投資ができるように。貯金も同じように自動化したことで生活防衛資金もしっかり貯めることができた。

　子どもの学費にまだまだお金がかるが、老後までこのペースで増やせていければ、十分な金額が作れるのではないかと期待している。これまで自力で300万円以上の資産を貯めたことがなかったので感動しているところ。60〜65歳までに3000万円以上の資産を作るのが目標。

58歳女性　Mさんの実績

投資歴約7年　年齢58歳　女性

月額投資額　約2〜5万円

トータルリターン
＋1,906,967円

資産合計　4,343,454円

【旧：つみたてNISA】

保有商品	保有口数	平均取得価額 / 取得総額	評価損益	資産合計
楽天・全世界株式インデックス・ファンド	116,130口	14,147円 / 164,300円	＋123,087円	287,387円
楽天・全米株式インデックス・ファンド	152,148口	14,525円 / 220,999円	＋256,518円	477,045円
eMAXIS Slim 国内株式（TOPIX）	127,665口	10,966円 / 139,999円	＋125,518円	265,518円
eMAXIS Slim 米国株式（S&P500）	144,646口	14,172円 / 204,999円	＋243,735円	448,735円
eMAXIS Slim 先進国株式インデックス	420,050口	13,426円 / 563,999円	＋753,823円	1,317,823円
eMAXIS Slim 新興国株式インデックス	594,594口	10,808円 / 642,659円	＋355,961円	998,621円

【新NISA つみたて投資枠】

保有商品	保有口数	平均取得価額 / 取得総額	評価損益	資産合計
eMAXIS Slim 全世界株式（オール・カントリー）	41,747口	23,953円 / 100,000円	＋8,584円	108,584円
eMAXIS Slim 米国株式（S&P500）	53,093口	28,252円 / 149,999円	＋15,905円	165,905円
eMAXIS Slim 先進国株式インデックス	34,624口	28,881円 / 99,999円	＋9,350円	109,350円
eMAXIS Slim 新興国株式インデックス	32,426口	15,419円 / 49,999円	＋4,304円	54,304円
iFree NEXT NASDAQ100 インデックス	30,550口	32,733円 / 99,999円	＋10,182円	110,182円

Mさんの投資の目的　感想など

　旧つみたてNISAのときは広く投資先をカバーすることを考え、全世界型、先進国型、新興国型、国内株式など幅広く購入していた。楽天とeMAXIS Slimシリーズを両方買ってみてどうなるかも、気になっていたところ。旧NISAから新NISAに制度が切替わるタイミング、楽天全米と楽天全世界を、信託報酬の安いeMAXIS Slimシリーズに変更。その他、この時期、国内株式の伸びもあまりよくなかったため、全世界株式に組みこまれている国内割合で十分と感じ、積立てをやめることに。また、米国の投資対象の指数を分散させたく、手数料は高いのを承知の上で、ナスダック指数連動の商品を追加した。

　旧つみたてNISAが始まる前から投資をしてきたが、本当に旧つみたてNISA、新NISAの制度ができ、これだけの利益が税金ゼロで運用できることが、ありがたいと強く感じている。投資信託自体も、昔に比べれば洗練された印象を持っている。よりよい商品だけがきっと今後も残っていくだろうと考え、今後もeMAXIS Slimシリーズで投資を続けていくつもり。

36歳女性　Hさんの実績

投資歴 4 年 7 か月　年齢 36 歳　女性

月額投資額　約 3.3 万円

トータルリターン
1,099,517 円

資産合計　2,966,165 円

【旧：つみたてNISA】

保有商品	保有口数	平均取得価額 取得総額	評価損益	資産合計
楽天・全世界株式 インデックス・ファンド	152,148 口	14,525 円 1,533,318 円	+1,073,667 円	2,606,985 円

【新NISA つみたて投資枠】

保有商品	保有口数	平均取得価額 取得総額	評価損益	資産合計
楽天・全世界株式イ ンデックス・ファンド	145,141 口	22,965 円 333,330 円	+25,850 円	359,180 円

Hさんの投資の目的　感想など

　月々の収入からではなく、貯金してきたお金を投資信託に移していくイメージで投資をスタート。最もリスクが少ない「全世界型」のみを選択。ずっとほったらかしで、最初に設定して以来、数回しかチェックしていないが、気がつけば100万円以上増えていて感激。基本的には今後も変わらず投資を続けていく予定。

実例まとめ

　投資信託の実践例として4名の方の投資状況を紹介しましたが、いかがだったでしょうか。どの方も最初は月3000円程度の少額から投資を始め、感覚をつかんでから自由に投資信託を追加したり、月々の投資額を増やしたりと、スタイルは様々です。　ただし、4名全員が共通して守っているのは、楽天であれeMAXIS Slimであれ、必ず全世界型を積み立てていることです。長期・分散・積立という投資の黄金ルールをしっかり守りつつ、自分なりの色を出しているのが見て取れます。

　さて、ご紹介した実例の投資期間は、旧つみたてNISAの6年分が含まれているため、リターンの多くの部分を旧つみたてNISAでの利益が占めています。しかし、新NISA以降の「つみたて投資枠」での実績を見ても、全ての方がしっかりとプラスの損益を出しています。　これから投資を始める方にとっては、大きな安心材料と言えるでしょう。

　ここでご紹介した方々のように、投資を続けていくうちに、自然と知識と経験が積み重なり、新しい方法を試してみたくなったり、投資金額を増やしたりする意欲が湧いてくるものです。これは投資の楽しさのひとつであり、投資家としての成長の証でもあります。　結論として、まずは基本となる全世界型の投資信託から始め、そこで得た感覚を基に、徐々に自分の興味や判断に基づいて投資の幅を広げていくことをオススメします。投資は長期的な視点で楽しみながら続けることが、成功への近道となるのです。

一問一答

Q 結局、投資信託で投資を続けたら、どんなメリットがあるのでしょうか？

A 投資信託の一番のいいところは、将来のお金の自由度が広がることです。公的年金だけでなく、長期間運用した投資信託からの利益を臨時収入のように生活費として使える可能性があります。

具体的に言うと、例えば老後に毎月5～10万円の余裕ができたらどうでしょうか。生活がぐっと楽になりますよね。たとえば、ちょっと値段の高い趣味の道具が欲しくなったときに、「買おうかな」と気軽に考えられる。そんな自由な気持ちになれます。これは単にモノが買えるということではなく、人生の選択肢が増えるということです。趣味を楽しむ、旅行に行く、孫にプレゼントを買う。そういった小さな幸せを、より多く実現できる可能性が高まります。投資信託は、そんな将来の自由を手に入れるための、とてもワクワクする道具なのです。

新NISAでの投資について「絶対やった方がいい」「やらない方がいい」どちらのニュースも見ます。何が正しいんでしょうか？

A 基本的には、新NISAを始めた方がいいです。新NISAの最大のメリットは、税制優遇を受けながら将来のために資産を育てられることです。普通の投資では売却時に約20％の税金がかかりますが、新NISAでは非課税で受け取れるので、その分も自由に使うことができます。長期的な資産形成を考えている人は、積極的に活用することをオススメします。

物価が上がり続けています。投資信託は生活の助けになるでしょうか？

A 物価上昇時代に投資信託は、私たちの資産を守る重要な役割を果たします。今、スーパーに行けば、多くの商品の価格が上がっているのがわかります。この物価上昇は、お金の価値が下がっていることを意味します。同じ金額でも、以前ほど多くのものが買えなくなっているのです。これはもう現実です。こんなとき、ただお金を持っているだけでは、その価値が徐々に目減りしていきます。そこで投資信託の出番です。投資信託を通じて資産を運用することで、インフレーションに対抗し、お金の価値を守り、長期的には資産の成長も期待できます。

Q 毎日お金のことを気にするのはしんどいです。それでも新NISAって始めた方がいいですか？

A はい、新NISAを始めることをオススメします。実は、新NISAの素晴らしいところは、毎日お金のことを気にしなくても大丈夫な仕組みだということです。例えば、私のお客さんの中には、月に1回も新NISAでの投資状況をチェックしない人がいます。驚くことに、1年に1回しか見ない人もいるのです。そのくらい気軽にできる仕組みです。新NISAは、定期的に一定額を積み立てるだけで、あとは時間が資産を育ててくれる可能性がある安心な仕組みです。つまり、頻繁にチェックしなくても、お金が増えていく可能性があるのです。むしろ、毎日や毎週見ないくらいの方が精神的に楽ですし、長期的な資産形成には適しているかもしれません。市場の短期的な変動に一喜一憂せずに済むからです。

60歳や70歳でも、今から新NISAを始めた方がいいでしょうか？

A はい、60歳や70歳からでも新NISAを始めることをオススメします。年齢に関係なく、将来のための資産形成は大切です。ただし、長期的な視点が必要で、すぐに大きな利益は期待できません。まずは2～3年分の生活費を確保し、その上で無理のない範囲で投資を始めるのがよいでしょう。市場の変動にも耐えられる心構えが必要です。新NISAはゆっくりと時間をかけて育てていくものだと理解すれば、何歳からでも十分に有効な選択肢となります。

ネットが苦手なんですが、新NISAを始めるにはどうしたらいいですか？

A ネットが苦手でも、新NISAを諦める必要はありません。家族や友人のサポートを活用するのが良い方法です。ネットに詳しい人に操作を教えてもらいましょう。初心者でも使いやすいネット証券（例えば楽天証券）を選び、この機会に投資知識とデジタルスキルを同時に向上させてはどうでしょうか。少し大変かもしれませんが、挑戦する価値は十分にあります。

日本、海外、どこに投資するのがいいですか？

A リスク分散の観点から、世界全体に広く投資することをオススメします。eMAXIS Slim 全世界株式（オール・カントリー）を選ぶと、自然とアメリカ株式が約62%を占め、国内株式は約5%程度になります。日本経済を応援したい場合は、別途日本株のインデックスファンドを少し追加するのもよいでしょう。ただし、特定の国に集中するのは避けましょう。「アメリカを中心とした全世界」への投資が望ましく、これにより世界経済の成長の恩恵を受けながら、リスクも分散できます。

教育資金として新NISAを使えますか？

A はい、新NISAは教育資金としても活用できます。特に長期的な視点で準備する場合に適しています。例えば、子どもが生まれたらすぐに投資を始めるのが理想的です。ただし、3年後の大学受験など短期的な目標には向いていません。新NISAの魅力は、使途が自由で大きな金額を投資できることです。教育資金だけでなく、老後の資金や家の頭金なども同時に準備できます。早い段階から始めて、様々な目的のお金を新NISAで育てていくのが賢明です。長期的かつ柔軟に資金を育てられるのが、新NISAの大きな特徴です。

短期間で儲けられる方法はないのですか？

A 短期で利益を増やせる方法は確かに存在しますが、注意が必要です。短期的な利益を狙う方法はリスクも高くなります。例えば、個別株や仮想通貨では短期間で大きな利益を得られることもありますが、同時に大きな損失を被る可能性も高くなります。また、短期的な投資で成功するには相当な知識と時間が必要です。新NISAのような税制優遇制度は長期投資向けのため、短期的な取引には適していません。結論として、短期で利益を増やす方法は存在しますが、高いリスクと多大な時間・労力が必要です。一般的には長期的な視点での投資をオススメします。

どんなときに売るのがいいでしょうか？

A 投資信託やETFは基本的に長期保有が望ましいですが、例えば、子どもの教育資金など特定の目標に達したときや、家の購入といった人生の大きな出来事で資金が必要なときに売却を検討できます。また、利益が出ているときに一部を売却してみるのも良いでしょう。実際に利益を手にすることで、投資の実感が湧き、モチベーションにつながります。新NISAの場合、売却しても非課税枠は失いませんので、気軽に試してみても構いません。

投資の辞め時はいつでしょうか？

A 基本的に投資に「辞め時」はありません。生涯続けることをオススメします。ただし、生活状況に応じて投資の仕方を変える必要があります。例えば、家計が苦しいときは投資額を抑えていいでしょう。サイト上でいつでも月々の投資額を変更することができますし、毎月、積立をするのが苦しい場合はいったん積立をストップしてもいいでしょう。すでに持っている資産を売却せずに保有し続けるだけでも、運用は続くので、それも立派な投資といえます。状況に応じて投資の形を変えていけばよいのです。

将来、政府が新NISAから税金を取るって言い始めたら？

A 新NISAが始まったばかりで、そのような懸念は現実的ではないと思いますし、政府が急激に方針転換する可能性は低いでしょう。それより、将来の税制変更を恐れて投資をしないことの方が、大きなリスクです。投資を続けながら情報にアンテナを張り、必要に応じて戦略を調整していくのが賢明です。もし、新NISAで育てた投資信託から税金を取ると言い始めたら、しっかり選挙権を行使していくしかありません。

月3000円からはじめる
新NISA超入門

発行日　2024年11月19日　第1刷
発行日　2025年3月20日　第4刷

著者　　　横山光昭

本書プロジェクトチーム
編集統括　　　柿内尚文
編集担当　　　栗田亘
デザイン　　　小口翔平、畑中茜（tobufune）
イラスト　　　ちょこなす
編集協力　　　竹田東山（青龍堂）
校正　　　荒井順子
本文デザイン・DTP　　　廣瀬梨江

営業統括　　　丸山敏生
営業推進　　　増尾友裕、綱脇愛、桐山敦子、相澤いづみ、寺内未来子
販売促進　　　池田孝一郎、石井耕平、熊切絵理、菊山清佳、山口瑞穂
　　　　　　　　吉村寿美子、矢橋寛子、遠藤真知子、森田真紀、氏家和佳子
プロモーション　　山田美恵

編集　　　小林英史、村上芳子、大住兼正、菊地貴広、山田吉之、福田麻衣、
　　　　　　　小澤由利子
メディア開発　　池田剛、中山景、中村悟志、長野太介、入江翔子、志摩晃司
管理部　　　早坂裕子、生越こずえ、本間美咲
発行人　　　坂下毅

発行所　**株式会社アスコム**

〒105-0003
東京都港区西新橋2-23-1　3東洋海事ビル
TEL：03-5425-6625

印刷・製本　日経印刷株式会社

ⒸMitsuaki Yokoyama　株式会社アスコム
Printed in Japan ISBN 978-4-7762-1372-7

本書は著作権上の保護を受けています。本書の一部あるいは全部について、
株式会社アスコムから文書による許諾を得ずに、いかなる方法によっても
無断で複写することは禁じられています。
落丁本、乱丁本は、お手数ですが小社営業局までお送りください。
送料小社負担によりおとりかえいたします。定価はカバーに表示しています。

アスコムのベストセラー

はじめての人のための
3000円
投資生活
新NISA ［対応版］

家計再生コンサルタント
横山光昭

新書判 定価1,430円
（本体1,300円＋税10%）

基本の投資術だけじゃない！
「海外ETF」のおトクな買い方を徹底解説！
投資に慣れたら、この本で次のステップに！

◎投資初心者も「積立＋海外ETF」で、最大限のリターンを狙おう
◎「投資予算が少ない」「時間があまりない」人こそ攻めの投資を
◎数ある海外ETFの中でも、おすすめはダントツ「VT」と「VTI」
◎はじめての人のための「おトクなETF買い方講座」
◎投資初心者でもできる「買いどきの見極め方」教えます　ほか

お求めは書店で。お近くにない場合は、ブックサービス ☎0120-29-9625までご注文ください。
アスコム公式サイト https://www.ascom-inc.jp/からも、お求めになれます。